総合学習とアート

高橋陽一　編

武蔵野美術大学出版局

総合学習とアート　もくじ

表紙デザイン　白尾デザイン事務所

まえがき

総合的な学習の時間は、どんな子どもも学びの主人公になれるし、どんな教師も担い手になれる。アートを伝える教師たちが、この営みの先頭に立ってほしい。

一九九八（平成一〇）年の学習指導要領で総合的な学習の時間が登場して、二〇〇二（平成一四）年度から小学校と中学校で始まったとき、そう思った。武蔵野美術大学で美術教員養成に携わっていた私には、美術教育関係者が美術の授業時数削減にばかり目を取られて、前向きにアートの教育を盛り返す方策を考えない状態が疑問だった。美術準備室に籠城を決め込んで学校教育全体を牽引しようという意気込みがない教員が、少数ながらもいたことも寂しいものだった。「美術教員は今こそ総合的な学習の時間を主導する意気込みを」という言葉が届いた現場教員は、なかなか現れなかった。

しかし、武蔵野美術大学が一九九八（平成一〇）年度から始めた「美術と福祉プログラム」が軌道に乗り、二〇〇六（平成一八）年度から文部科学省の支援を受けて成果の公開を始め、アートによる社会貢献や造形ワークショップが展開していくと、孤高を託つことが美術教育の本質ではないという理解が広がっていった。現実の学校を取り巻く環境の厳しさは、美術準備室に籠もることを不可能にしたし、生きる力や言語活動などのキーワードが次々と教科を横断する取り組みを促進していった。

本書『総合学習とアート』は、こうした二〇年以上の美術教員養成や現職教員研修の営みを基盤としている。通学課程の毎年一〇〇名前後の受講者の「美術と福祉プログラム」（大学が特設した授業科目「美術と福祉」、二〇一九年度からは授業科目「総合的な学習の時間の指導法」と「特別支援教育」）や、通信教育課程の旧科目「教職総合演習」での総合的な学習の時間の研究、現職教員の免許状更新講習での造形ワークショップのテーマなどが、この内容の前提となっている。そして「美術と福祉プログラム」を支えるベテランから若手中堅の美術教育指導者を本書の執筆者とした。

本書は二〇一七（平成二九）年と二〇一八年の学習指導要領に準拠しており、小学校・中学校・高等学校での「総合的な学習の時間」の子どもたちの学習を指導する教師と教師を目指す学生に向けたものである。高等学校では「総合的な探究の時間」と二〇二二年度より名称が変更となる。本文中ではこれらもあわせて「総合的な学習の時間」または「総合学習」と記した。

第1部は、できるだけ簡潔明瞭に、かつ、一般には軽くしか触れられない歴史的経緯や問題点を明確にするための、概論である。第1章「総合的な学習の時間の理念と歴史」、第2章「総合的な学習の時間の目標」、第3章「総合的な学習の時間の指導と評価」、第4章「総合的な学習の時間の指導計画」として、総合的な学習の時間を担うための基本的な知識を示した。

第2部は、総合的な学習の時間を活性化する技法をまとめた。まずは、課題を発見して解明するために、第5章「調べ学習の技法：情報の活用」、第6章「調べ学習の技法：聞き取り」、第7章「体験学習の技法：ルールとマナー」とつづいていく。現在の総合的な学習の時間では、体験や調査の結果を分析して発表する取り組みの弱さが指摘されている。そこで、第8章「体験の共感を表現する紙芝居」を杉山貴洋が、第9章「体験の軌跡をたどる報告書作り」を葉山登が、それぞれ永年にわたる実践をもとに学校現場で活用できる手法を提案している。

第3部は事例研究である。探究課題となるテーマについて、執筆者の専門分野や実践のフィールドに基づいて提起する。地域の障害理解に取り組む杉山貴洋は第10章「地域と総合学習」で、色彩造形研究所を中心に教員や保育士の指導を行ってきた葉山登は第11章「色彩で交流する」で、高齢者福祉と学校教育をつないできた川本雅子は第12章「子どもたちの高齢者理解を育む造形活動」で、それぞれ総合的な学習の時間の課題の広がりを論じる。また造形教育と自然について、学校園や環境教育を研究する田中千賀子が第13章「環境保全をめぐる総合学習」で、青山こどもの城の活動を担ってきた有福一昭が第14章「竹—自然と伝統文化—」を論じる。また第15章「地域の歴史と伝統文化」では、地域の教材の調べ方も述べる。

総合的な学習の時間の特徴からも、本書は武蔵野美術大学出版局から刊行した教職テキスト類に関連している。とくに高橋陽一著『新しい教育通義』、高橋陽一編『特別支援教育とアート』、高橋陽一・伊東毅著『道徳科教育講義』はぜひ参考にしていただきたい。

本書は、ある意味でアートに寄り添いつつも、すべての教科などにわたる横断的な内容を語ることに努めた。「総合的な学習の時間」はタイトルや文中では「総合学習」と略称したが、ここには二〇二二年度から高等学校で名称を改めた「総合的な探究の時間」をも含んでいる。法令で「総合的な学習の時間」という名称さえ、学校ごとに変えてよいと認められているこの自由な学びを、率先して担う教師が増えていくことを願ってやまない。

二〇一九年二月一日

高橋　陽一

第1部　基礎・基本編

第1章　総合的な学習の時間の理念と歴史

高橋陽一

現在の教員を目指す学生のほとんどは、「総合的な学習の時間」を児童・生徒として体験した世代である。それゆえ、各教科とは違う総合的な学習の時間を実体験として知っている。通信教育課程で学ぶ二〇代以上の社会人学生もまた、こうした体験世代が多い。一方で、私も含めた五〇歳の世代は、まったく、経験がない。ところが、その父母世代は、なんらかのスタイルで総合的な学習の時間の原型となる戦前の合科教授や戦後のコア・カリキュラムを経験しているのである。

このことから、総合的な学習の時間が、劇変する歴史の産物であることがわかる。それでは、なぜ総合的な学習の時間が構想されたのか、なぜ現在も活用されているのか、そして時代によって変化があるのはなぜなのか、考えていく必要がある。この総合的な学習の時間という名称も、高等学校では二〇二二年度から「総合的な探究の時間」と変更されることが定められている。

例えば、算数や美術をなぜ学ぶ必要があるのかという子どもの疑問には、教師も親も、人生や理念からきっと何かを言って聞かせることができる。しかし、総合的な学習の時間には、そうした自明な答えがない。なぜ必要なのかを教師が考えて、子どもに伝える計画を準備しておく必要があるのだ。

第一節　教科・科目に分けること

「分」という言葉がある。この漢字は、二つに分かれる「八」と、切り分ける「刀」でできているように、二つに切り分けることを意味する。後漢の許慎（きょしん）が著した最初の体系的漢字辞典である『説文解字（せつもんかいじ）』は「刀は以て物を分別するなり」という。物事を分別することは、理解することを意味する。「分」は日本語で「分ける」と読めば分割だが、「分かる」と読めば理解である。

何が言いたいかというと、私たちの理解は、物事を分割することで分別して成立しているということである。自分と他人は違う、父と母は違うと理解できて、幼児には家族が見えてくる。様々な生き物がいて、イモリとヤモリは別の生物、イモリとカエルは別の生物と次々と分けていって、生物の違いが体系的にわかっていく。人間の認識は、同時の人類の歴史の認識と似ていて、私たちは文化を次の世代に教えていくときに、この分割的な体系を伝えていった。

江戸時代に広まった民衆のための寺子屋は、手習塾や手習師匠と呼ばれるのが普通だった。もっぱら往来物と呼ばれるテキストを書き写して、書き方と読み方を学ぶ。だから、教える内容を区分するという必要はない。念のため言うと、「読み書き算盤（そろばん）」というのは、近代になってからの誤解であり、実用的な算盤などは商家や農家の現場の生活で教えられるのが普通である。**リテラシー**とは、文字の読み書き能力が本来の意味であるが、このリテラシーを学ぶ場が手習塾であり、ここで獲得した能力を現実の生活の場で活かすわけであるが、私塾などに進まない限りは、リテラシーはそれ以上は分割されていない。

明治維新を文明開化として捉えると、広く民衆の文明開化は、一八七二（明治五）年の**学制**によってもたらされた。明治政府は学制布告書を各地に回覧して、寺子屋でリテラシーを獲得した大人たちは国民皆学と実学を中心にした趣旨を理解した。新しい小学校は、寺子屋の往来物ではなく、西洋の近代学校をモデルにした。学制は教育内容のまとまりを**教科**と呼んだ。似た言葉に、科、学科、学科目、教科目、科目、授業科目などの言葉がある。実は歴史のなかでは時代と法令によって微妙なニュアンスの違いがあるのだが、今日に至るまでの流れでは、教科を細分化したものが**科目**だと覚えてよい。高等学校には、芸術科という一つの教科があって、そのなかに、音楽、美術、工芸、書道という四つの科目（学習指導要領ではそれぞれⅠ〜Ⅲの番号を付して合計一二の科目が規定されている）が分かれているのである。

そのようなわけで、教科や科目の概念を、明治以来の百数十年の歴史を追って、学校種別（校種）に即して列挙しただけでも大変なことになるのだが、ここでは小学校を中心に見てみよう。一八七二（明治五）年の学制から、一八七九（明治一二）年の自由教育令と呼ばれる教育令、一八八〇（明治一三）年の改正教育令と呼ばれる教育令などを経て、森有礼文部大臣のもとで一八八六（明治一九）年の小学校令が制定された。ここでの小学校の教科は「学科」と呼ばれて図表1のようになっていた。

話が横にそれるが、近代学校では西洋をモデルに「読み書き算盤」と呼ばれたように、読書、習字、算術が最初に並んでいた。教科、科目、教科目とどう読んでも、それは教育内容のまとまりであり、そのまとまりごとに学校で試験を行って成績をつけて能力を判定していく。学校教育は能力を育てる場であって、同時に能力を試す場でもある。だから、何が教科などになっているかは、学校で何が得られるかという教育内容論であるとともに、自分が何を評価されるかという能力論なのだ。

明治初期の自由民権運動が盛り上がると、それに対応して統治していく明治維新政府の立場から、日本を統合するための道徳教育が強調される。一八八〇（明治一三）年の改正教育令からは**修身**が他教科よりも最初に並ぶことで最重要の「筆頭科目」となり、一八九〇（明治二三）年の**教育勅語**が出されることで修身科の権威を確立する。小学校は、教育勅語に書かれた皇運扶翼という天皇へ奉仕する臣民になるために学ぶ場であり、読書、習字、算術などの教科内容も、この奉仕のための能力獲得だと定められた。子どもや家族にとって修身で悪い評価を与えられることは最大の恥だと考えられたのである。

図表１　小学校の教科などの主要な変遷

年	法令	教科等の名称	小学校の主要な教科の例 ＊教科を定めた法令
1872年(明治5)	学制 (明治五年八月三日文部省布達第十三・十四号)	教科	＊学制に基づく小学教則（明治五年九月八日文部省布達番外）から抜粋 第八級（六ヶ月） 綴字（カナヅカヒ）、習字（テナラヒ）、単語読方（コトバノヨミカタ）、洋法算術（サンヨウ）、修身口授（ギョウギノサトシ）、単語諳誦（コトバノソラヨミ）
1879年(明治12)	教育令（自由教育令） (明治十二年九月二十九日太政官布告第四十号)	学科 科	第三条　小学校ハ普通ノ教育ヲ児童ニ授タル所ニシテ其学科ヲ読書習字算術地理歴史修身等ノ初歩トス土地ノ情況ニ随ヒテ罫画唱歌体操等ヲ加ヘ又物理生理博物等ノ大意ヲ加フ殊ニ女子ノ為ニハ裁縫等ノ科ヲ設クヘシ
1880年(明治13)	教育令（改正教育令） (明治十三年十二月二十八日太政官布告第五十九号)	学科 科	第三条　小学校ハ普通ノ教育ヲ児童ニ授クル所ニシテ其学科ヲ修身読書習字算術地理歴史等ノ初歩トス土地ノ情況ニ随ヒテ罫画唱歌体操等ヲ加ヘ又物理生理博物等ノ大意ヲ加フ殊ニ女子ノ為ニハ裁縫等ノ科ヲ設クヘシ但已ムヲ得サル場合ニ於テハ修身読書習字算術地理歴史ノ中地理歴史ヲ減スルコトヲ得
1886年(明治19)	小学校令 (明治十九年四月十日勅令第十四号)	学科 科	＊小学校ノ学科及其程度（明治十九年五月二十五日文部省令第八号） 第二条　尋常小学校ノ学科ハ修身読書作文習字算術体操トス土地ノ情況ニ因テハ図画唱歌ノ一科若クハ二科ヲ加フルコトヲ得
1890年(明治23)	小学校令 (明治二十三年十月七日勅令第二百十五号)	教科目 科目	第三条　尋常小学校ノ教科目ハ修身読書作文習字算術体操トス 　土地ノ情況ニ依リ体操ヲ欠クコトヲ得又日本地理日本歴史図画唱歌手工ノ一科目若クハ数科目ヲ加ヘ女児ノ為ニハ裁縫ヲ加フルコトヲ得
1900年(明治33)	小学校令改正 (明治三十三年八月二十日勅令第三百四十四号)	教科目 科目	第十九条　尋常小学校ノ教科目ハ修身、国語、算術、体操トス 　土地ノ情況ニ依リ図画、唱歌、手工ノ一科目又ハ数科目ヲ加ヘ女児ノ為ニハ裁縫ヲ加フルコトヲ得 前項ニ依リ加フル教科目ハ之ヲ随意科目ト為スコトヲ得
1907年(明治40)	小学校令中改正 (明治四十年三月二十一日勅令第五十二号)	教科目	第十九条　尋常小学校ノ教科目ハ修身、国語、算術、日本歴史、地理、理科、図画、唱歌、体操トシ女児ノ為ニハ裁縫ヲ加フ 　土地ノ情況ニ依リ手工ヲ加フルコトヲ得

年	法令	教科等の名称	小学校の主要な教科の例 ＊教科を定めた法令
1941年（昭和16）	国民学校令（昭和十六年三月一日勅令第百四十号）	教科 科目	第四条　国民学校ノ教科ハ初等科及高等科ヲ通ジ国民科、理数科、体錬科及芸能科トシ高等科ニ在リテハ実業科ヲ加フ 国民科ハ之ヲ分チテ修身、国語、国史及地理ノ科目トス 理数科ハ之ヲ分チテ算数及理科ノ科目トス 体錬科ハ之ヲ分チテ体操及武道ノ科目トス但シ女児ニ付テハ武道ヲ欠クコトヲ得 芸能科ハ之ヲ分チテ音楽、習字、図画及工作ノ科目トシ初等科ノ女児ニ付テハ裁縫ノ科目ヲ、高等科ノ女児ニ付テハ家事及裁縫ノ科目ヲ加フ 実業科ハ之ヲ分チテ農業、工業、商業又ハ水産ノ科目トス 前五項ニ掲グル科目ノ外高等科ニ於テハ外国語其ノ他必要ナル科目ヲ設クルコトヲ得
1947年（昭和22）	学校教育法（昭和二十二年三月三十一日法律第二十六号）	教科	＊学校教育法施行規則（昭和二十二年五月二十三日文部省令第十一号） 第二十四条　小学校の教科は、国語、社会、算数、理科、音楽、図画工作、家庭、体育及び自由研究を基準とする。
1958年（昭和33）		教科（ほか）	＊学校教育法施行規則（昭和三十三年八月二十八日文部省令第二十五号による一部改正） 第二十四条　小学校の教育課程は、国語、社会、算数、理科、音楽、図画工作、家庭及び体育の各教科（以下本節中「各教科」という。）並びに道徳、特別教育活動及び学校行事等によつて編成するものとする。 2　私立の小学校の教育課程を編成する場合は、前項の規定にかかわらず、宗教を加えることができる。この場合においては、宗教をもつて前項の道徳に代えることができる。
2017年（平成29）		教科（ほか）	＊学校教育法施行規則（平成二十九年三月三十一日文部科学省令第二十号による一部改正） 第五十条　小学校の教育課程は、国語、社会、算数、理科、生活、音楽、図画工作、家庭、体育及び外国語の各教科（以下この節において「各教科」という。）、特別の教科である道徳、外国語活動、総合的な学習の時間並びに特別活動によつて編成するものとする。 2　私立の小学校の教育課程を編成する場合は、前項の規定にかかわらず、宗教を加えることができる。この場合においては、宗教をもつて前項の特別の教科である道徳に代えることができる。

＊小学校・国民学校を中心に主要な教科・科目の条項のみを抜粋。実際の法令の変遷はさらに複雑で、あくまでも主要な変化のみを記載した。

芸術教育に興味のある人は、一九〇七（明治四〇）年までは、罫画、図画、唱歌が任意に開設された科目だったことに驚くかもしれない。従来からの読み書きに加えて、西洋近代から移入した新しい知識と技能の初歩を教えるための近代学校の教育内容と、能率的な一斉教授法の教育技術を徹底することが明治前半の課題であった。ようやく西洋音楽や西洋美術を修得する専門教育が東京音楽学校や東京美術学校などで始まることで、徐々に小学校でも教育可能になっていったのである。

このように、何が学校教育で学ぶべきもので、学ぶことができるかというまとまりである教科や科目が徐々に増えていった。言い換えると、教科や科目として「分けること」が増えていくことは、子どもにとって「分かること」が増えていったと言うこともできるのである。

第二節　教科・科目の合科と総合

さて本題に戻ろう。しばらくは教科や科目が分化して広がることが明治、大正、昭和初期の小学校教育の実態であった。世界的にも、学問の体系に基づく教科や科目が細分化して、まずは子どもたちに多くの知識や技術を教えていくことが、近代学校の使命だと思われた。こうした近代教育の内容と方法を見直す動きが、欧米各地で**新教育運動**として二〇世紀に近づくと開始されて、エレン・ケイが二〇世紀は「児童の世紀」であると宣言して、**児童中心主義**が広がっていく。これは子どもの権利という現代の課題に直結していった最初の動きでもある。ドイツでは心理学と倫理学を結合して科学的な教育学としてのヘルバルト主義が成立して合理的な教育方法が定着していたが、現実の社会や自然を視野に入れようとして、子どもたちが農作業や労働にかかわる**労作教育**と呼ばれる教育が広がっていく。さらにアメリカでは哲学者のジョン・デューイたちが**進歩主義教育**を主張して、学校を小さな社会と捉えてリアルな教育改革を実験的に開始する。今日の科学的な教育評価論や教育技法としての**ワークショップ**はここから展開していった。

これらは西洋をモデルにしてきた日本にもダイレクトに紹介され、**大正自由教育**として広がっていく。戦前の小学校の教員は師範学校で養成され、その附属学校は地域の最先端の教育を行う実験校でもあった。

こうした教員養成のリーダーたちが次々に教科や科目の見直しを提案していった。早くも一八九九（明治三二）年には樋口勘次郎（東京高等師範学校附属小学校）が統合主義を唱えて、教科をまとめる考え方を提案した。その後も、棚橋源太郎（東京高等師範学校）が地理、歴史、理科を統合した実科を提唱した。また木下竹次（奈良女子高等師範学校）が各教科を統合した**合科学習**を提起した。教科書をただ学ぶだけではなく、現実の地域や自然を活かしていく生きた学習には、教科や科目の枠組みを超えて総合して教える**合科教授**が必要だと考えられたのである。教育勅語を掲げる学校教育でも、教師たちが新しい教育を模索して、子どもたちが自ら考えたり、調べたり、作業するという教育が大正期には開始されていたのである。大正デモクラシーの時代は、子どもたちにとっては大正自由教育の時代でもあったのだ。

大正自由教育には、様々な取り組みがあり、今日の総合的な学習の時間にまでつながるものもある。地域の歴史や文化を子どもたちが学ぶ**郷土教育**は、民俗学や歴史学の展開と連動して各地の教師が推進した。今日も地域の歴史を調べると、大正期に地域で教師が編纂した歴史書に行き当たることも多い。紋切り型の作文教育であった綴方を見直して、実際の生活を題材にした**生活綴方**も昭和期に広がっていく。簡易な謄写版印刷であるガリ版が学校に普及していくなかで、子どもたちの作文を教師が文集とする活動が広がった。まさに生きたリテラシー教育である。

まことに歴史の皮肉なのだが、ここで広がった合科教授という考え方を徹底して日本の小学校教育で法令上も実現可能にしたのが、一九四一（昭和一六）年の**国民学校**である。太平洋戦争が始まるこの年、国民学校令は教育勅語に基づく道徳教育が徹底する「皇国ノ道」を掲げて、小学校の名称さえも「国民学校」に変更した。そして従来の知識偏重の教育方法を批判して体験的な教育を意味する「錬成」という言葉を掲げた。このときの教科と科目は図表2のように整理できる。

こうして国民学校では、従来の教科や教科目を**科目**と呼んで、その上に新たに国民科、理数科、体錬科、芸能科、高等科の実業科という**教科**を置いて総合した。こうして、複数の科目を統合した合科教授を可能にする前提ができたことになる。

図表2　国民学校の合科教授

教科	科目	
国民科	修身	
	国語	
	国史	
	地理	
理数科	算数	
	理科	
体錬科	体操	
	武道（女児は省略可能）	
芸能科	音楽	
	習字	
	図画	
	工作	
	裁縫（女児のみ）	
	家事（高等科女児のみ）	
実業科	農業	（高等科のみ、一科目でよい）
	工業	
	商業	
	水産	
	外国語 其ノ他	（高等科のみ開設可能）

＊初等科は小学校1～6年に相当し、高等科はその後の2年間であるが、法令上はこの8年間をすべて義務教育とすることが明記されていた。

ただし、実際の歴史は複雑に進行する。合科教授を効率的に構成できる教師はまだ少なかったし、そもそも戦争が激しく本土の空襲に備えて子どもたちが疎開するようになると学校教育どころではなくなった。こうした極限的な緊張のなかで、集団疎開として子どもたちと教師が生活をともにしたり、教科書を離れて子どもたちが勤労作業に従事した。ある意味での合科教授や錬成として体験的な学習が行われたのであるが、「皇国民錬成」という言葉に象徴されるように、戦争を支える小さな国民である「少国民」としての教育となったのが実態であった。

こうした国民学校の筆頭教科の国民科に、さらに筆頭科目として修身を置いた教育は、第二次世界大戦の惨禍のなか一九四五（昭和二〇）年の敗戦とともに、終わりを告げる。戦争をあおり立てた修身の授業は廃止された。こうして平和主義や主権在民（国民主権）や基本的人権の尊重を掲げる日本国憲法（昭和二十一年十一月三日憲法）が定められた。一九四七（昭和二二）年には「個人の尊厳」を掲げて「人格の完成」を教育の目的とした**教育基本法**（昭和二十二年三月三十一日法律第二十五号）と、複雑な学校システムを六・三・三・四制に統合して教育の機会均等を実現する**学校教育法**（昭和二十二年三月三十一日法律第二十六号）が、公布・施行された。

戦後教育改革では従来の教育の根幹にあった教育勅語を無効として、天皇の臣民を育成した従来の修身教育とは異なって、平和で民主的な国家や社会の一員としての主権者たる国民の教育が始まった。こうして科目としての修身はなくなり、学校の教育活動全体を通じて行う道徳教育へと移行した。国民学校の教科と科目の合科教授の構造が廃止されて、教科が羅列されたことは合科や総合の発想が後退したように見える。しかし、小学校や中学校には**自由研究**という教科が置かれて、子どもたちが実際生活の課題を考えるための指導が行われ、むしろこの時期に合科や総合の傾向が強まっていく。一九四七（昭和二二）年の学習指導要領一般編で「生活単元学習」が位置づけられ、地域の課題などを学校で設定して子どもたちが自主的に学ぶ可能性が模索された。その学習の中心となる課題をコアと呼んで、各教科を総合する**コア・カリキュラム**が広がり、学校ごとに教科横断的にテーマを設定して教育課程全体を構成することが可能となったのである。一九四八（昭和二三）年には全国組織としてのコア・カリキュラム連盟が結成された（一九五三年に日本生活教育連盟に改称）。

コア・カリキュラムの実例は全国にわたって多種多様だが、早くも一九四六（昭和二一）年から埼玉県川口市が東京帝国大学（翌年より東京大学）の教育学者・海後宗臣の支援を受けて実施した川口プランが著名である。戦後の新しい科目である**社会科**を中心に据えて、地域の生活や文化を課題としたカリキュラムを作り上げた。新しい社会科は知識だけではなく、現実の社会のあり方や道徳までを含んだ教科であり、改革の中心となった。さらに社会科だけではなく、すべての教科を横断して課題を設定するなど、広がりを示したのである。

しかし、このコア・カリキュラムは、各教科の独自の基本的な学習がおろそかにされ、学力が低下するという批判を招いた。自由研究も中学校では一九四九（昭和二四）年に、小学校では一九五一（昭和二六）年に廃止された。こうして各教科ごとの学習に戻っていったのである。

その後の教育課程の変遷を論述することは本章の課題ではないが、一九五八（昭和三三）年には、従来の学校の教育活動全体を通じて行う道徳教育に加えて、小学校や中学校で教科ではないという位置づけで**道徳**（道徳の時間）が再開された。また総合や合科という発想が決してなくなったのではなく、一九七八（昭和五三）年の学習指導要領には「合科的な指導」という記述が出てくる。

ここで少し整理しておこう。合科学習や合科教授の、**合科**という言葉は、科目の存在を前提として、それを合わせるという言葉である。教育内容が分かれて科目となったものが、再び合わさるのである。これを徹底すれば、科目を合科した教科という国民学校の教育課程のようになるが、実際には各科目の教育内容があるのだから、うまく

図表3　学校教育における総合と合科の変遷（概念図）

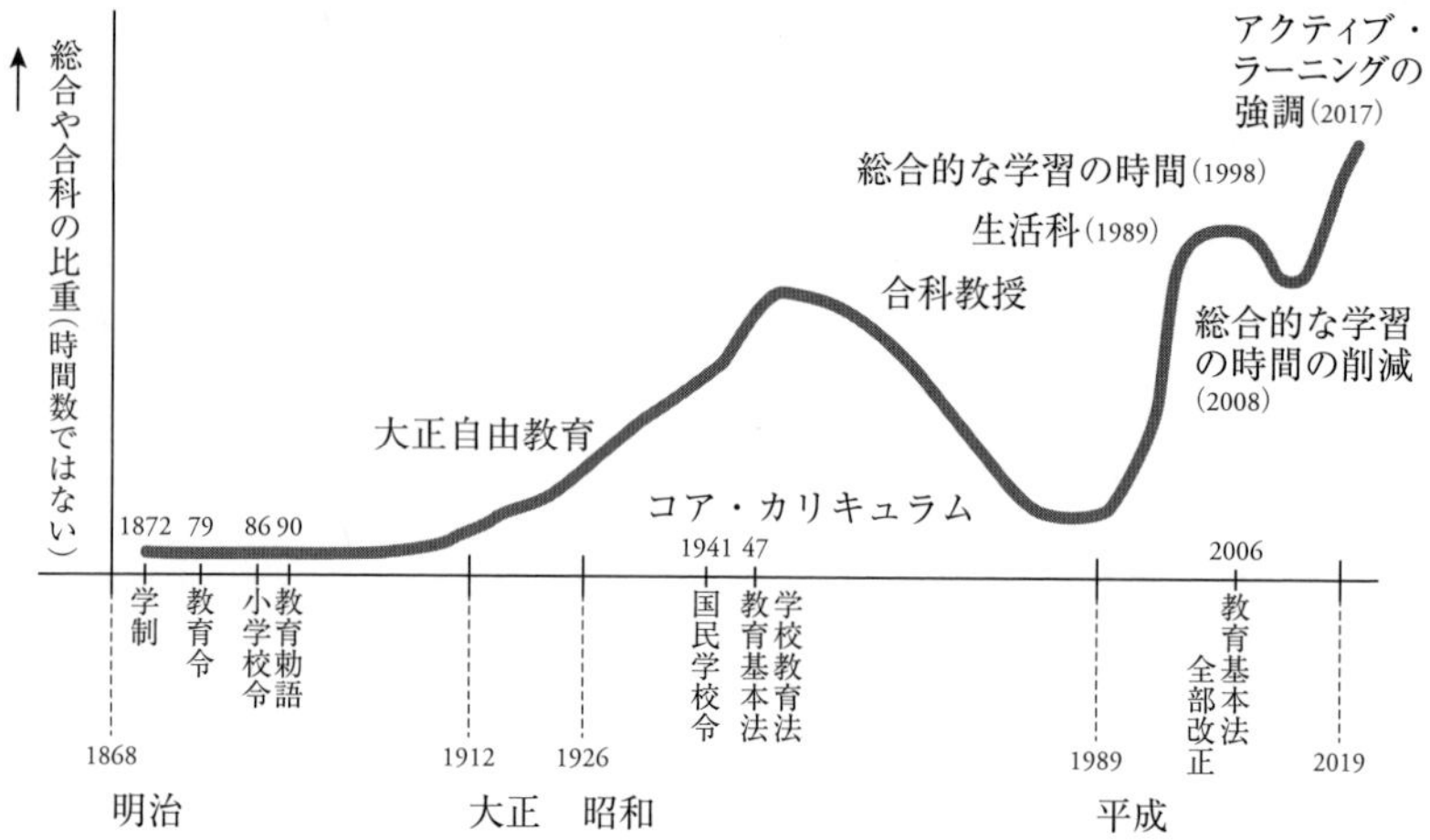

いかない。アートの教育で言えば、現在の学習指導要領でも高等学校は音楽も美術も工芸も書道も四つの科目は芸術という一つの教科で合科されている。しかし、実際の教育でそれを意識する場面は、ないと言ってよい。すべての表現が含まれた総合芸術なのだという壮大な話になってしまう。さてその**総合**というときにも、何か上位概念という形だ。オペラや歌舞伎が総合芸術だというのは、音楽、文学、舞踏、衣装、舞台美術など多様な芸術分野があって、それが舞台上で総合的に表現されるということである。この総合という概念は大ぐくりの横断性のようなイメージになるので、総合のコアになるようなものが必要になる。この難問の現在における解決策として、総合的な学習の時間を設けたことになるのである。

　つづく第三節に触れる内容も含めて、日本近代の学校のあゆみで総合や合科の比重は、図表3のような概念図（グラフではなくイメージを伝える図）で示すことができるだろう。

第三節　生活科と総合的な学習の時間の登場

戦後日本の復興から高度成長に至る道のりのなか、学校教育で教える教育内容は増加して、科学技術の発達にともなって高度化していった。学校教育で学んだ知識や技能が、日本の産業を支える人材に期待されたわけである。しかし、そのことは同時に「詰め込み教育」や「知識偏重」という批判を招き、さらに受験競争の激化として危惧や批判を受け、あらためて実際の生活に即した総合や合科という発想が見直されていった。

こうしたなか、一九七七（昭和五二）年に告示された学習指導要領では「ゆとり」や「精選」という文言が盛り込まれた。一九八九（平成元）年の学習指導要領は、**新しい学力観**として、**関心・意欲・態度**を学力として含み込む考え方を提起した。

この一九八九（平成元）年の小学校学習指導要領で、小学校一年と二年について週三時間で新設されたのが**生活科**であり、一九九二（平成四）年度より実施されて現在に至る。すでに見たように大正自由教育に生活綴方という運動があったり、コア・カリキュラムの実践も生活教育という表現で引き継がれるなど、生活という言葉は従来の教科を総合するキーワードとなってきた。この生活科は、小学校一年と二年における理科と社会の代わりに置かれた教科であり、合科というスタイルの典型と言える。そもそも小学校ではすべての教科を教える学級担任が理科も社会も教えていたのであるから、この二つの科目を合科することは難しくない。教科として位置づけたので、理科と社会に代わって生活の教科書がつくられた。

さらに中央教育審議会は、一九九六（平成八）年七月一九日に「二一世紀を展望した我が国の教育の在り方について（第一次答申）」を発表した。今日までキーワードとなる**生きる力**という考えと、**学校週五日制**を実現する**ゆとり**というキーワードを提起した。土曜日を完全に休日にする社会的要請に対応するために教育内容の厳選が必要であるが、そのためにも**基礎・基本**の徹底ということが強調された。これに留まらず、「自分で課題を見つけ、自ら考え、自ら問題を解決していく資質や能力」という応用的な能力まで含めて、知育も徳育も体育も包み込んだ生きる力という概念を規定したのである。この生きる力の理念をダイレクトに反映したのが、まさに**総合的な学習の時間**である。すでに小学校の低学年には生活科があるので、小学校三年生から高等学校までに置かれた。具体的には一九九八（平成一〇）年の小学校と中学校の学習指導要領、翌年の高等学校の学習指導要領の全部改正が告示され、学校教育法施行規則の定める学校の総授業時数が削減されるなか、小中学校ではおよそ週三時間にあたる授業時数が設定されたのである。

教科と異なる総合的な学習の時間という観点から、図表4のように簡単に整理しておこう。

この改革は、学校の時間数の縮小として反発を招き、実際にはそれ以前の学習成果のデータであった国際学力調査の結果で低迷していることが報道されると、**学力低下論**が主張され批判を受ける。これはちょうど戦後教育改革のコア・カリキュラムと似た構造である。これに対応して中央教育審議会は、二〇〇三（平成一五）年一〇月七日に「初等中等教育における当面の教育課程及び指導の充実・改善方策について」を答申して、生きる力は、基礎・基本に留まらず思考力・判断力・表現力等に広がるものであるとして、**確かな学力**という概念を強調した。そしてこの二〇〇三年に学習指導要領の一部改正が行われ、まだ定着してない総合的な学習の時間の指導を計画的に行うように強調した。

その後、一〇年に一度の学習指導要領の全部改正の時期となり、中央教育審議会は二〇〇八（平成二〇）年一月

図表４　教科と総合的な学習の時間との相違

事項	教科	総合的な学習の時間
根拠法令	学校教育法施行規則 学習指導要領	学校教育法施行規則 学習指導要領
名称	法令にある「国語」「社会」など「○○科」と呼ぶことや、「国」「社」などの略称もある。	「総合的な学習の時間」の略称「総合学習」「総合」「総」などが一般的。学校独自に「○○の時間」と呼称してもよい。
内容	学習指導要領に定める。	学習指導要領に明示された分野「国際理解」「情報」「環境」「福祉・健康」「地域」「その他」があるが、学校独自に設定できる。
時間	学校教育法施行規則に定める。 多くは時間割を作り、小学校45分、中学校・高等学校50分で実施する。	学校教育法施行規則に定める。 時間割型、集中型、行事型など学校独自に設定できる。
教科書	学校教育法により文部科学省の検定を経た教科用図書の使用義務がある。	検定も教科書もない。学校独自に教材を使用できる。
免許	小学校全科や中学校・高等学校の該当する教科の免許状を受けた教員が教科教育にあたる。	独自の免許状がない。当該学校の免許状を受けた教員が教育にあたる。
指導体制	小学校では学級担任、中学校・高等学校では教科担任が教科教育にあたる。	学級担任中心型、学年全体・学校全体の担当型、ティームティーチング型など多様。 地域住民や専門家をゲストとして招く活動が広がる。
児童生徒の体制	学年ごとに学級に分かれて行う。	学級、学年全体（学年合同や課題別）、学校全体（学年間の交流）など。
評価	段階別評定などを指導要録に記載し、通信簿などで保護者に通知する。	数値や段階の評価を明示する必要がない。自己評価や相互評価、ポートフォリオ評価なども可能。

一七日に「幼稚園、小学校、中学校、高等学校及び特別支援学校の学習指導要領等の改善について」を答申して、同年には学校教育法施行規則の一部改正による授業時間数の改正があり、同年に小学校と中学校の学習指導要領、翌年に高等学校の学習指導要領の全部改正が告示された。ここでは総合的な学習の時間の授業時数が三分の二程度に削減された。

さらに二〇一七（平成二九）年には小学校と中学校の学習指導要領、翌年には高等学校の全部改正があり、高等学校の総合的な学習の時間は、新たに**総合的な探究の時間**へと名称が変更されることになった。この近年の動向は次章から詳しく説明するので、ここでは図表5に示す**授業時数**について見ておいてほしい。該当する学習指導要領の公布年で示したが、小中学校の授業時数を規定しているのは学校教育法施行規則、高等学校の標準単位数を規定しているのは高等学校学習指導要領である。施行年度に先だって移行処置がとられ、小中学校では全学年にわたる全面実施、高等学校では学年を追った年次進行の実施となっている。

ここまでは歴史を記述する形で、今日の総合的な学習の時間に至る道のりを描いてきた。教科に「分ける」ことで「分かる」時代から、徐々に合科や総合ということが進んでいった。学校教育全体をカリキュラム全体を見直して統合しようというのがコア・カリキュラムだが、現在は理科と社会を合わせた合科としての生活科と、各教科とは別の時間数を確保することで総合することを可能にした総合的な学習の時間が成立している。

現在の総合的な学習の時間、さらに今後の高等学校の総合的な探究の時間も含めてどんなことを目指していくのかを第2章で考え、さらに子どもたちの学習活動をどう促進してどう評価するのかを第3章で考え、さらに年間やテーマごとの計画の立て方を第4章へとつなげていく。この第1章より第4章からなる第1部を基礎・基本としてまず理解しておくことで、第2部の技法や第3部の課題を深く考えて実践することができるだろう。「分けること」

図表 5　学習指導要領改正ごとの「総合的な学習の時間」の年間授業時数

		1989 年 全部改正 ＊A	1998-99 年 全部改正 ＊B	2003 年 一部改正 ＊C	2008-09 年 全部改正 ＊D	2017-18 年 全部改正 ＊E
小学校 生活科	1 年	102	102	変更なし	変更なし	変更なし
	2 年	105	105	変更なし	変更なし	変更なし
小学校	3 年		105	変更なし	70	変更なし
	4 年		105	変更なし	70	変更なし
	5 年		110	変更なし	70	変更なし
	6 年		110	変更なし	70	変更なし
中学校	1 年		70 ～ 100	変更なし	50	変更なし
	2 年		70 ～ 105	変更なし	70	変更なし
	3 年		70 ～ 130	変更なし	70	変更なし
高等学校	1 年 ≀ 3 年		3 ～ 6 単位 （卒業までに 105 ～ 210）	変更なし	変更なし （2 単位まで減少可能、70 ～ 210）	名称「総合的な探究の時間」に。 変更なし （2 単位まで減少可能、70 ～ 210）

＊A
1989（平成元）年 3 月 15 日　文部省告示第 24 号「小学校学習指導要領」＝ 1992（平成 4）年度施行
＊B
1998（平成 10）年 12 月 14 日　文部省告示第 175 号「小学校学習指導要領」＝ 2002（平成 14）年度施行
1998（平成 10）年 12 月 14 日　文部省告示第 176 号「中学校学習指導要領」＝ 2002（平成 14）年度施行
1999（平成 11）年 3 月 29 日　文部省告示第 58 号「高等学校学習指導要領」＝ 2003（平成 15）年度施行
＊C
2003（平成 15）年 12 月 26 日　文部科学省告示第 173 号などにより一部改正＝公布日施行
＊D
2008（平成 20）年 3 月 28 日　文部科学省告示第 27 号「小学校学習指導要領」＝ 2011（平成 23）年度施行
2008（平成 20）年 3 月 28 日　文部科学省告示第 28 号「中学校学習指導要領」＝ 2012（平成 24）年度施行
2009（平成 21）年 3 月 9 日　文部科学省告示第 34 号「高等学校学習指導要領」＝ 2013（平成 25）年施行
＊E
2017（平成 29）年 3 月 31 日　文部科学省告示第 63 号「小学校学習指導要領」＝ 2020 年度施行
2017（平成 29）年 3 月 31 日　文部科学省告示第 64 号「中学校学習指導要領」＝ 2021 年度施行
2018（平成 30）年 3 月 30 日　文部科学省告示第 68 号「高等学校学習指導要領」＝ 2022 年度施行

と「分かること」そしてそれを総合して活かしていくことは、まず教師や教師を目指す者から始めていかなければならない。

第2章　総合的な学習の時間の目標

高橋陽一

学校教育においては、教育基本法第一条が掲げる人格の完成といった生涯学習を通して目指すものや、学校教育法で学校種別（校種）ごとに定めて目指すものがあり、これを教育の**目的**という。これに対して、教育基本法第二条で後述するように五つを列記したり、学校教育法で列記して達成するようにする課題は、教育の**目標**という。障害などによる特別なニーズや、数年間の学校の段階ごとに、目指す目的や達成する目標の大きさは変わっていくし、義務教育の目標が達成されたことを前提にして、高等学校教育の目標が設定される。この構造は現在の教育法令体系の大きなポイントなので『新しい教育通義』第17章に詳述したので、是非とも参考にしてほしい。

この目的と目標という言葉は、ある学校の一つの教科全体、ある教科の一つのテーマ、さらにはそのテーマの一時間の授業という枠組みでも使われる。とりわけ具体化していけば、壮大な目的を掲げつつも、具体的に達成可能な目標の設定が問われていく。総合的な学習の時間でもこの目標を理解して、設定していくことが、学校の課題、そして授業を担当する教師の課題となる。

第一節　資質・能力の三つの柱

現在の学校教育で培う資質・能力の三つの柱が確定するまでの道筋を見ることで、総合的な学習の時間の前提となる学力観と目標を考えたい。この整理の前提となる法律の規定は、二〇〇六（平成一八）年の教育基本法の全部改正にともなって改正された、学校教育法第三十条第二項である。

学校教育法（昭和二十二年三月三十一日法律第二十六号）

第三十条

2　前項の場合においては、生涯にわたり学習する基盤が培われるよう、基礎的な知識及び技能を習得させるとともに、これらを活用して課題を解決するために必要な思考力、判断力、表現力その他の能力をはぐくみ、主体的に学習に取り組む態度を養うことに、特に意を用いなければならない。

この条項は戦後教育改革で成立したものではなく、第1章で見たように戦後の学校教育や学力をめぐる議論を踏まえて成立して、現在の形となった。明治期に近代学校が成立してからの学校教育の課題である**知識及び技能**や**基礎・基本**という言葉は、「基礎的な知識及び技能を習得させる」という文言に含まれている。大正自由教育で強調された主体的に学習して実際の生活で活かしていくための能力とりわけ**思考力・判断力・表現力等**は、「これらを活用して課題を解決するために必要な思考力、判断力、表現力その他の能力をはぐくみ」という文言に含まれている。新しい学力観として強調された**関心・意欲・態度**というキーワードは、「主体的に学習に取り組む態度を養う」という文言に含まれている。こうしたすべてを含んだものが**確かな学力**であり、知育と徳育と体育で総合的な能力へと進んだものが**生きる力**である。

中央教育審議会の一九九六（平成八）年七月一九日の答申「二一世紀を展望した我が国の教育の在り方について（第一次答申）」で提起された生きる力は、ゆとり教育が学力低下になったという批判を受けた。そして、二〇〇三（平成一五）年一〇月七日の答申「初等中等教育における当面の教育課程及び指導の充実・改善方策について」によって、確かな学力の概念が提示された。この答申では、生きる力、確かな学力などを、図表1のように図で示している。

図表1　確かな学力の概念図

中央教育審議会答申「初等中等教育における当面の教育課程及び指導の充実・改善方策について」2003年10月7日より。

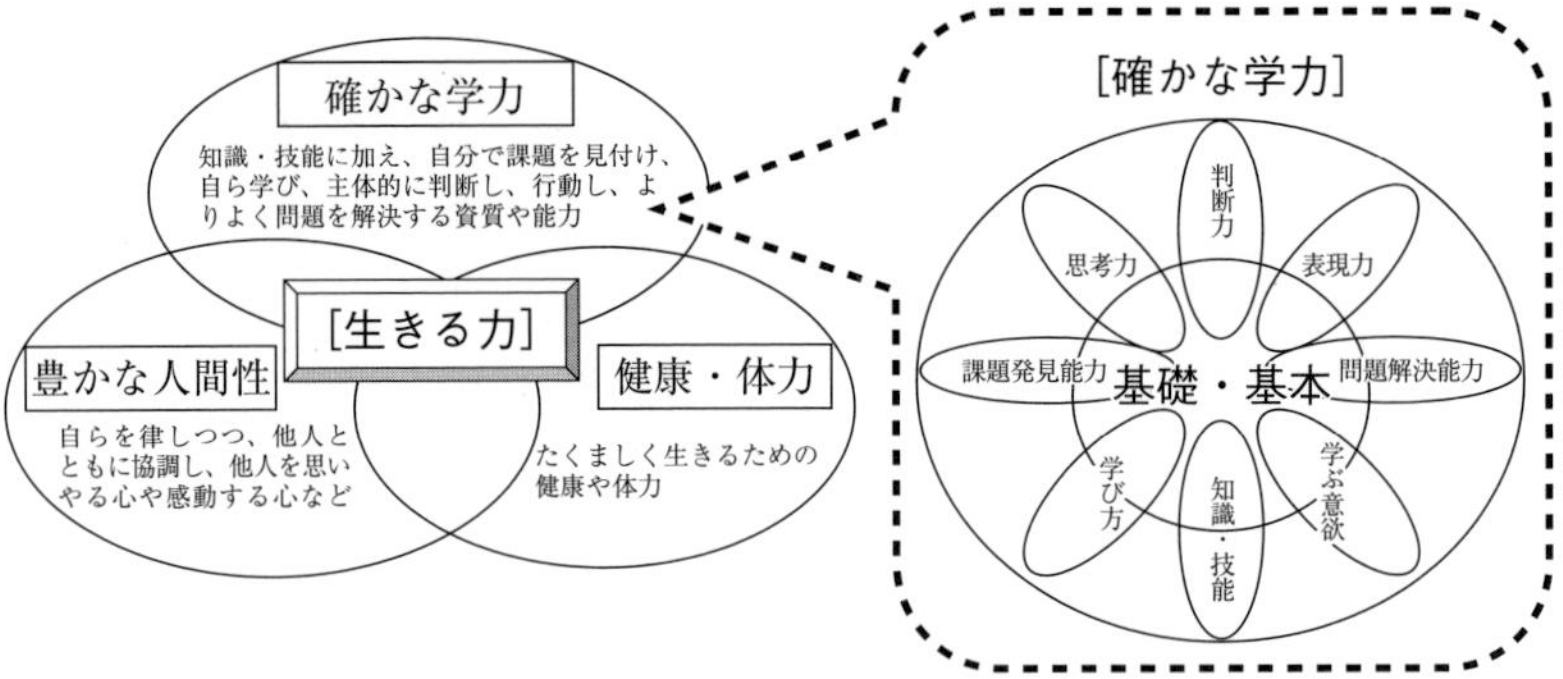
確かな学力
知識・技能に加え、自分で課題を見付け、自ら学び、主体的に判断し、行動し、よりよく問題を解決する資質や能力
[生きる力]
豊かな人間性
自らを律しつつ、他人とともに協調し、他人を思いやる心や感動する心など
健康・体力
たくましく生きるための健康や体力
[確かな学力]
判断力
思考力
表現力
課題発見能力
基礎・基本
問題解決能力
学び方
知識・技能
学ぶ意欲

さて、この学力論の流れを、**学習指導要領**に即して、総合的な学習の時間を整理しておこう。一九八九（平成元）年の学習指導要領で新しい学力観として関心・意欲・態度が強調されたときに小学校の**生活科**が登場した。一九九八（平成一〇）年と一九九九（平成一一）年の学習指導要領で生きる力とゆとりが強調されて学校週五日制が導入されたときに、**総合的な学習の時間**が登場した。そして国際学力調査の結果から学力低下論が言われたときに二〇〇三（平成一五）年の学習指導要領の一部改正が行われて、総合的な学習の時間の規定が整備された。さらに二〇〇八（平成二〇）年と二〇〇九（平成二一）年の学習指導要領では、教育基本法の全部改正や学校教育法の一部改正に対応して思考力・表現力・判断力等を強調しつつ、ゆとり教育批判の延長線上で、総合的な学習の時間の授業時数が削減された。

こうした変遷を踏まえつつ、学力向上の取り組みとして文部科学省は二〇〇七（平成一九）年から全国の小学校六年生と中学校三年生を対象にして、**全国学力・学習状況調査**を開始した。この調査は、知識に関するA問題と、活用に関するB問題で構成される。これは、**国際学力調査**として実施される調査にそれぞれ対応していて、A問題は国際教育到達度評価学会（ＩＥＡ）が実施する国際数学・理科教育動向調査（**TIMSS**）に対応し、B問題は経済協力開発機構（OECD）が実施する「生徒の学習到達度調査」（**PISA**）に対応している。

ここまでの法令とPISAやTIMSSの国際学力調査との関係をまとめると、図表2のようになる。

こうして、二〇一七（平成二九）年と二〇一八（平成三〇）年の学習指導要領が登場する。その方向性を提言した、二〇一六（平成二八）年一二月二一日の中央教育審議会答申「幼稚園、小学校、中学校、高等学校及び特別支援学校の学習指導要領等の改善及び必要な方策等について」は、ここまでの学力論を**資質・能力の三つの柱**として、図表3のように整理した。ここで言う、資質とは国語辞典にあるような生まれつきの能力や生得的な才能というよりも、それまでの学習や経験で獲得されたものを総体的に含んでいる学校教育の用語である。そして能力とは何かができることで、「○○力」などと多様な捉え方ができる。第一の**知識及び技能**とは、従来からの基礎・基本となる知識及び技能と考えてよい。また第二の**思考力・判断力・表現力等**も、従来から整理されてきたものである。そして、三つ目に**学びに向かう力・人間性等**として、学習の場における関心・意欲・態度から将来の社会で試される人間性までも含む概念を整理したのである。こうして徳育、体育、知育を包摂する生きる力が、三つに整理されたことになる。

こうした学力論を踏まえると、総合的な学習の時間には、基礎・基本となる知識及び技能を活用していくとともに、思考力・判断力・表現力等を獲得するための両方の役割があることがわかる。知識や技術を教科や科目に分けて学ぶことは能率的だが、実際の生活や激動する社会の実際問題は、極めて応用的で複雑である。国際学力調査において日本の順位が高いことも、総合的な学習の時間の成果だという見方も広がって、二〇一七（平成二九）年と二〇一八（平成三〇）年の学習指導要領では時間数が維持されて、学びに向かう力・人間性等も含めた資質・能力

図表２　資質・能力の三つの柱と法令・調査等の関係

	基礎・基本 知識及び技能	応用・活用 思考力・判断力・表現力等	関心・意欲・態度
国際学力調査	TIMSS	PISA	
全国学力・学習状況調査	A 問題	B 問題	
学校教育法 第 30 条第 2 項 （学力の 3 要素）	基礎的な知識及び技能を習得させる	これらを活用して課題を解決するために必要な思考力、判断力、表現力その他の能力をはぐくみ	主体的に学習に取り組む態度を養う
資質・能力の三つの柱	①知識及び技能	②思考力、判断力、表現力等	③学びに向かう力、人間性等

図表３　資質・能力の三つの柱の概念図

中央教育審議会答申「幼稚園、小学校、中学校、高等学校及び特別支援学校の学習指導要領等の改善及び必要な方策等について」2016 年 12 月 21 日より。

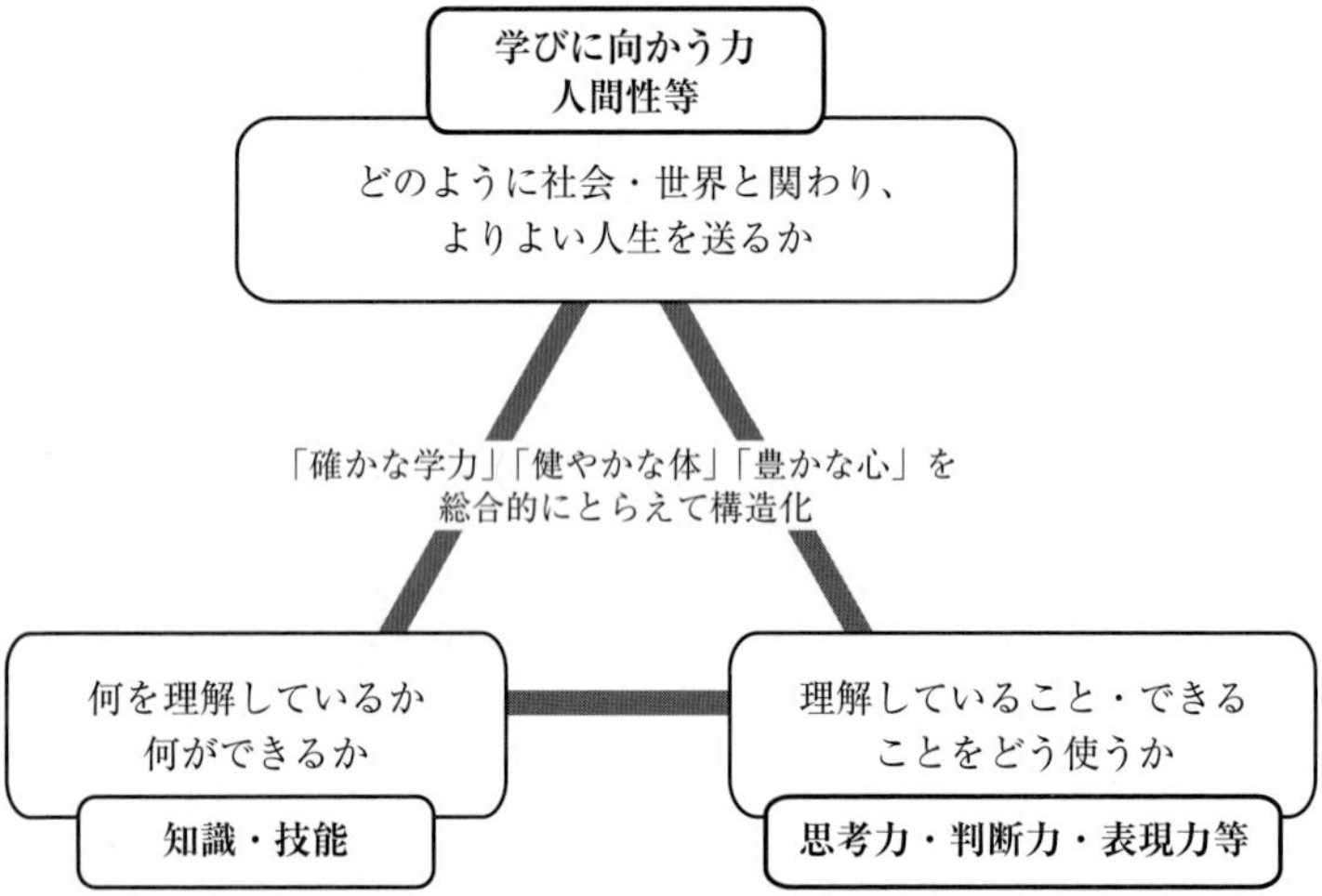

の三つの柱を育むものとして、その期待が高まっているのである。

第二節　総合的な学習の時間の第1の目標

この資質・能力の三つ柱は、生きる力という大きな概念であるが、教科ごとに違いが出てくる。どのような視点で事物を捉え、どのような考え方で思考していくかという教科特有の視点を、**見方・考え方**と呼ぶことになる。これは二〇一七（平成二九）年と二〇一八（平成三〇）年の学習指導要領では各教科のほか、総合的な学習の時間についても示されている。

総合的な学習の時間の見方・考え方としては、小中学校では探究的な見方・考え方、高等学校では探究の見方・考え方が基本となる。これは、「第1　目標」という箇所に規定されているので、学習指導要領解説や教育現場では、わかりやすく総合的な学習の時間の**第1の目標**と呼ぶ。次節で見る各学校において定める目標と区別するためである。まずは第1の目標について、小学校、中学校、高等学校を比較して違いを示す形で、学習指導要領本文を見てみよう。小学校の文言〔中学校：異なる文言〕と異同を示した。

小学校学習指導要領（平成二十九年三月三十一日文部科学省告示第六十三号）第五章総合的な学習の時間
中学校学習指導要領（平成二十九年三月三十一日文部科学省告示第六十四号）第四章総合的な学習の時間
高等学校学習指導要領（平成三十年三月三十日文部科学省告示第六十八号）第四章総合的な探究の時間

第1　目標

探究的な〔高等学校：探究の〕見方・考え方を働かせ、横断的・総合的な学習を行うことを通して、〔高等学校：自己の在り方生き方を考えながら、〕よりよく課題を解決し、自己の生き方を考えていく〔高等学校：発見し解決していく〕ための資質・能力を次のとおり育成することを目指す。

（1）探究的な学習〔高等学校：探究〕の過程において、課題の解決〔高等学校：発見と解決〕に必要な知識及び技能を身に付け、課題に関わる概念を形成し、探究的な学習のよさ〔高等学校：探究の意義や価値〕を理解するようにする。

（2）実社会や実生活の中から〔高等学校：と自己の関わりから〕問いを見いだし、自分で課題を立て、情報を集め、整理・分析して、まとめ・表現することができるようにする。

（3）探究的な学習〔高等学校：探究〕に主体的・協働的に取り組むとともに、互いのよさを生かしながら、積極的に社会に参画しよう〔高等学校：新たな価値を創造し、よりよい社会を実現しよう〕とする態度を養う。

このように三つの学習指導要領の「目標」の箇所を重ねて書いてみると、小学校と中学校が同文で、高等学校が若干異なっていることがわかる。また、ここで（1）（2）（3）と箇条書きになった箇所が、それぞれ、知識及び技能、思考力・判断力・表現力等、学びに向かう力・人間性等に、相当していることは明白である。

二〇〇八（平成二〇）年と二〇〇九（平成二一）年の学習指導要領で登場した**探究的な学習**という言葉が、この二〇一七（平成二九）年と二〇一八（平成三〇）年の小学校と中学校と高等学校の学習指導要領でもキーワードになっている。探究的な学習とは、総合的な学習の時間で行われる問題解決的な学習そのものを意味している。探求ではなく、探究であるように、探して究めるのである。まず、各教科で培った知識及び技能をもとに、横断的で総合的な探究の前提を形成する。さらに、問題を見出して、解決の課題を立て、情報を集め、整理・分析して、まとめや表現するという探して究めるプロセスを行う。そして、この探究によって児童・生徒が成長して、主体性や共同性、相互理解や社会参画という人間性を培う深みをも意味している。

従来どおり**総合的な学習の時間**として、小学校三年から高等学校三年までの一〇年間を通して位置づけており、その基本は変わらない。しかし、高等学校の生徒にふさわしい位置づけをするために、高等学校では**総合的な探究の時間**と名称が変更となった。これは、引用した「第1　目標」の相違からも明らかなように、義務教育段階ではよりよく課題を解決するという文言だが、これに加えて、自己の在り方や生き方という高等学校の生徒にふさわしいキャリア形成の課題が明示され、課題を発見するという高度な探究が位置づ

図表４　課題と生徒との関係（小中学校と高等学校との違いのイメージ）
文部科学省『高等学校学習指導要領解説　総合的な探究の時間編』2018 年、9 頁による。

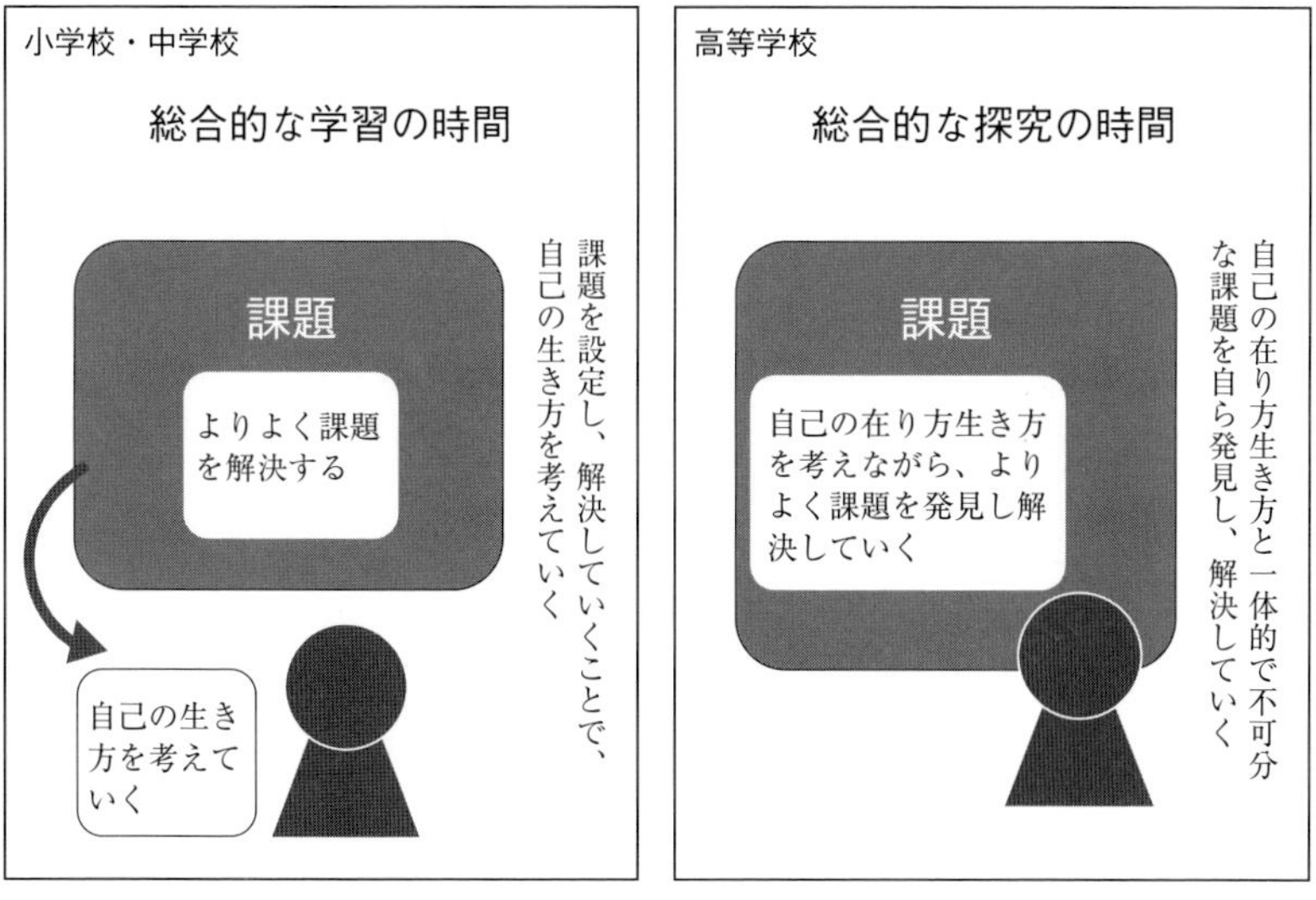

けられたためである。小学校と中学校の「総合的な学習の時間」における「自己の生き方」などのキャリア教育のキーワードとの相違を、『高等学校学習指導要領解説』では図表4のように説明している。二〇一八（平成三〇）年の高等学校の学習指導要領の全部改正では、この**探究**という問題の発見や解決を主体的に進めていくことが、他の教科・科目でも新たに開設された。具体的には教科の国語では科目として古典探究が、教科の地理歴史では科目として地理探究と日本史探究と世界史探究の三つが、新設教科の理数では科目として理数探究基礎と理数探究の二つが、それぞれ置かれることになった。中学校までの学習や他の科目で得た知識及び技能を前提として、さらに応用的で自分自身の将来にかかわるような探究を進めていくことになるわけである。

第三節　各学校において定める目標

前節で見た第1の目標は、文部科学省が告示した学習指導要領に定められたものである。他の教科・科目では、さらに学習指導要領において、教育する内容が規定されるわけであるが、総合的な学習の時間はそうではない。例えば小学校国語では、第二学年までに「内容」として「助詞の「は」、「へ」及び「を」の使い方」を学ぶことになっている。考えることの基礎・基本となる知識及び技能を教えてもらったおかげで、子どものうちから発音と文字が一致しない日本語の一番間違えやすい箇所を身につけている。こうした教育内容が、各学校に委ねられているのが、総合的な学習の時間の特色である。

ここでは「第2　各学校において定める目標及び内容」の3（5）までを小学校、中学校、高等学校で対照してみよう。

小学校学習指導要領（平成二十九年三月三十一日文部科学省告示第六十三号）第五章総合的な学習の時間
中学校学習指導要領（平成二十九年三月三十一日文部科学省告示第六十四号）第四章総合的な学習の時間
高等学校学習指導要領（平成三十年三月三十日文部科学省告示第六十八号）第四章総合的な探究の時間

第2　各学校において定める目標及び内容

1　目標

各学校においては、第1の目標を踏まえ、各学校の総合的な学習の時間〔高等学校：総合的な探究の時間〕の目標を定める。

2　内容

各学校においては、第1の目標を踏まえ、各学校の総合的な学習の時間〔高等学校：総合的な探究の時間〕の内容を定める。

3　各学校において定める目標及び内容の取扱い

各学校において定める目標及び内容の設定に当たっては、次の事項に配慮するものとする。

（1）各学校において定める目標については、各学校における教育目標を踏まえ、総合的な学習の時間〔高等学校：総合的な探究の時間〕を通して育成を目指す資質・能力を示すこと。

（2）各学校において定める目標及び内容については、他教科等の目標及び内容との違いに留意しつつ、他教科等で育成を目指す資質・能力との関連を重視すること。

（3）各学校において定める目標及び内容については、日常生活〔高等学校：地域〕や社会との関わりを重視すること。
（4）各学校において定める内容については、目標を実現するにふさわしい探究課題、探究課題の解決を通して育成を目指す具体的な資質・能力を示すこと。
（5）目標を実現するにふさわしい探究課題については、学校の実態〔高等学校：地域や学校の実態、生徒の特性等〕に応じて、例えば、国際理解、情報、環境、福祉・健康などの現代的な諸課題に対応する横断的・総合的な課題、地域の人々の暮らし、伝統と文化など地域や学校の特色に応じた課題〔中学校・高等学校：地域や学校の特色に応じた課題〕、児童〔中学校・高等学校：生徒〕の興味・関心に基づく課題〔中学校：、職業や自己の将来に関する課題〕〔高等学校：、職業や自己の進路に関する課題〕などを踏まえて設定すること。

ここでも、小学校、中学校、高等学校の規定は、ほぼ共通している。まず、ここで登場しているキーワードを見てみると、**各学校において定める目標**という、ある学校が独自に設定する総合的な学習の時間の目標があり、さらに、**各学校において定める内容**という、その学校が独自に設定する総合的な学習の時間の内容がある。もちろん、他の教科でも学校が独自に目的や内容を設定するわけだが、総合的な学習の時間ではこの占める割合が極めて大きいのである。また、3（1）にある**各学校における教育目標**とは、学習指導要領総則編で規定されている学校が独自に設定する地域や学校に即した具体的な教育目標のことである。

例えば、各学校における教育目標として、地域の伝統文化を言語活動として重視した教育を行う目標を立てたとする。実は地方言語（方言）では、助詞の「は」、「へ」、「を」の発音や用法が微妙に違うので、これを探究するた

図表5　目標と内容からみた総合的な学習の時間の構造

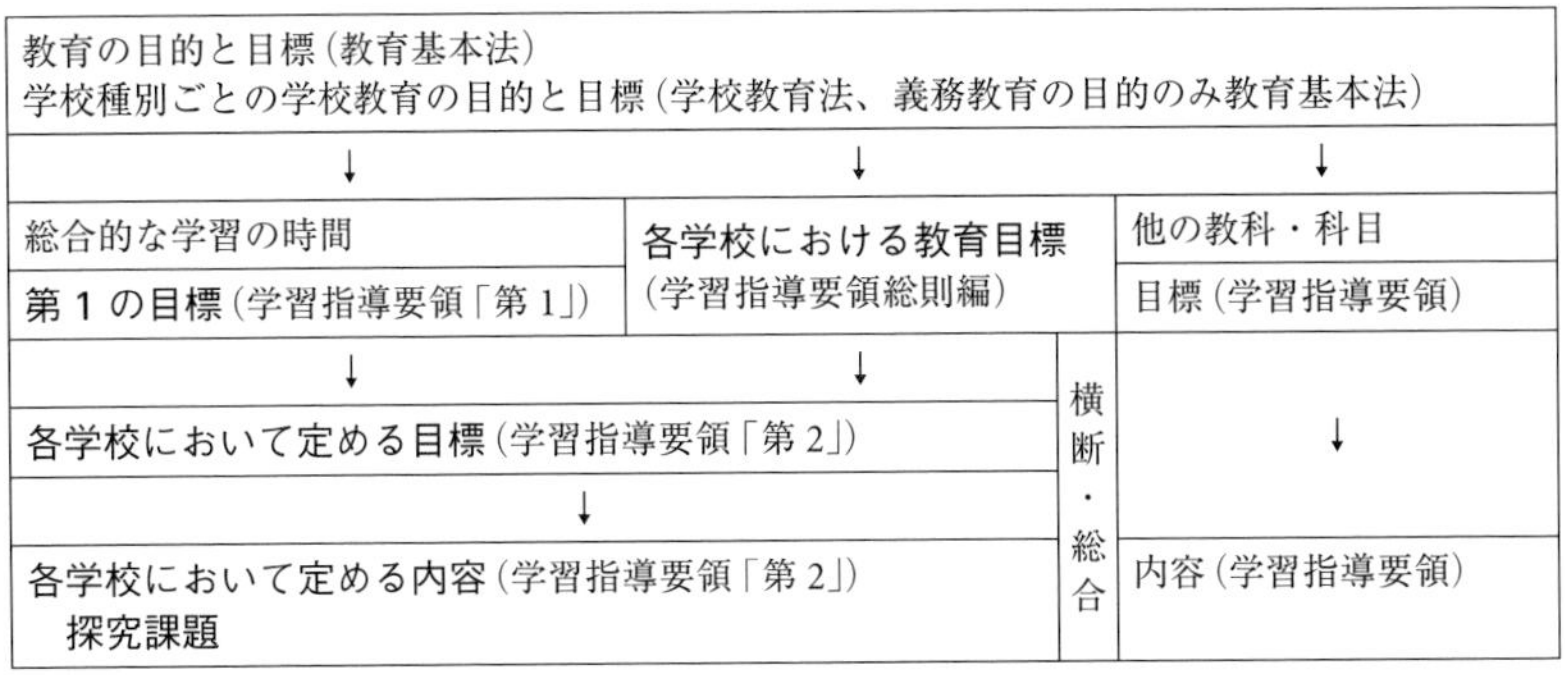

教育の目的と目標（教育基本法）
学校種別ごとの学校教育の目的と目標（学校教育法、義務教育の目的のみ教育基本法）
総合的な学習の時間
第1の目標（学習指導要領「第1」）
各学校における教育目標
（学習指導要領総則編）
他の教科・科目
目標（学習指導要領）
各学校において定める目標（学習指導要領「第2」）
横断・総合
各学校において定める内容（学習指導要領「第2」）
探究課題
内容（学習指導要領）

めに総合的な学習の時間として取り組むことは可能である。実際に大正自由教育の郷土教育では、方言の研究は随分と盛んだった。しかし、学習指導要領に内容の定めがある国語教育では、標準語としての助詞の「は」、「へ」及び「を」を小学校の国語で指導して、それを基礎にして高等学校までの言語活動をしていくことになる。

このように総合的な学習の時間の自由度は、他の教科と比較するとよくわかる。もちろん学校教育は教育基本法や学校教育法に基づいて行われるものであるから、この関係を示すと、図表5のようになる。第1の目標、各学校において定める目標、各学校において定める内容とつながっていく。他の教科・科目とも、横断的・総合的にかかわるわけである。

各学校において定める内容は、**探究課題**と呼ばれる。これは、「国際理解、情報、環境、福祉・健康などの現代的な諸課題に対応する横断的・総合的な課題」が、小学校から高等学校まで共通に出ている。ここで**横断的・総合的な課題**というのは、学習指導要領の総則編に出てくる用語で、各教科等に共通して設定できる課題ということである。逆に言えば、こうした課題を総合的な学習の時間だけで自己完結させるのではなく、同時期の、あるいは前後する時期の、各教科と重ねていくわけである。

こうした課題は、教育基本法や学校教育法の規定に根拠を持っている。

図表６　学校教育の目標と総合的な学習の時間の探究課題

探究課題に関連する文言に適宜下線を引いた。

教育基本法 （教育の目標）	学校教育法 （義務教育の目標）	学校教育法 （高等学校教育の目標）	探究課題
第二条　教育は、その目的を実現するため、学問の自由を尊重しつつ、次に掲げる目標を達成するよう行われるものとする。 一　幅広い知識と教養を身に付け、真理を求める態度を養い、豊かな情操と道徳心を培うとともに、健やかな身体を養うこと。 二　個人の価値を尊重して、その能力を伸ばし、創造性を培い、自主及び自律の精神を養うとともに、職業及び生活との関連を重視し、勤労を重んずる態度を養うこと。 三　正義と責任、男女の平等、自他の敬愛と協力を重んずるとともに、公共の精神に基づき、主体的に社会の形成に参画し、その発展に寄与する態度を養うこと。 四　生命を尊び、自然を大切にし、環境の保全に寄与する態度を養うこと。 五　伝統と文化を尊重し、それらをはぐくんできた我が国と郷土を愛するとともに、他国を尊重し、国際社会の平和と発展に寄与する態度を養うこと。	第二十一条　義務教育として行われる普通教育は、教育基本法（平成十八年法律第百二十号）第五条第二項に規定する目的を実現するため、次に掲げる目標を達成するよう行われるものとする。 一　学校内外における社会的活動を促進し、自主、自律及び協同の精神、規範意識、公正な判断力並びに公共の精神に基づき主体的に社会の形成に参画し、その発展に寄与する態度を養うこと。 二　学校内外における自然体験活動を促進し、生命及び自然を尊重する精神並びに環境の保全に寄与する態度を養うこと。 三　我が国と郷土の現状と歴史について、正しい理解に導き、伝統と文化を尊重し、それらをはぐくんできた我が国と郷土を愛する態度を養うとともに、進んで外国の文化の理解を通じて、他国を尊重し、国際社会の平和と発展に寄与する態度を養うこと。 四　家族と家庭の役割、生活に必要な衣、食、住、情報、産業その他の事項について基礎的な理解と技能を養うこと。 五　読書に親しませ、生活に必要な国語を正しく理解し、使用する基礎的な能力を養うこと。 六　生活に必要な数量的な関係を正しく理解し、処理する基礎的な能力を養うこと。 七　生活にかかわる自然現象について、観察及び実験を通じて、科学的に理解し、処理する基礎的な能力を養うこと。 八　健康、安全で幸福な生活のために必要な習慣を養うとともに、運動を通じて体力を養い、心身の調和的発達を図ること。 九　生活を明るく豊かにする音楽、美術、文芸その他の芸術について基礎的な理解と技能を養うこと。 十　職業についての基礎的な知識と技能、勤労を重んずる態度及び個性に応じて将来の進路を選択する能力を養うこと。	第五十一条　高等学校における教育は、前条に規定する目的を実現するため、次に掲げる目標を達成するよう行われるものとする。 一　義務教育として行われる普通教育の成果を更に発展拡充させて、豊かな人間性、創造性及び健やかな身体を養い、国家及び社会の形成者として必要な資質を養うこと。 二　社会において果たさなければならない使命の自覚に基づき、個性に応じて将来の進路を決定させ、一般的な教養を高め、専門的な知識、技術及び技能を習得させること。 三　個性の確立に努めるとともに、社会について、広く深い理解と健全な批判力を養い、社会の発展に寄与する態度を養うこと。	健康・福祉 環境 職業・進路 国際理解 情報 地域・学校 伝統文化 興味・関心

順序が様々ではあるが、図表6の対照表を見てほしい。

ここまで、法令と学習指導要領の基本的な規定に基づいて、総合的な学習の時間の目標について述べた。堅い話ではあるが、実は総合的な学習の時間が、柔らかい教育、つまり、現実に対応した柔軟性を持っていることがわかる。教師はこうした法令上の規定を理解して、子どもたちに最もふさわしい探究課題を設定し、さらに子どもたち自身の探究を促進していく必要がある。

第3章　総合的な学習の時間の指導と評価

高橋陽一

総合的な学習の時間には、指導が必要である。学校教育では当たり前のことだが、それなりに経験のある教師でも、教師になるべく学び始めた学生でも、誤解が多い。総合的な学習の時間の導入時では「学習」だから教師は指導しないのだという素直な誤解もあったし、アクティブ・ラーニングが強調されると指導とは対義語だと考える誤解もあった。また教師が十分な準備をして計画を進めてくれた児童・生徒としての経験を持つ学生は、逆に教師が指導していなかったと記憶しているケースもある。念のために言うと、仮に教師が一言も発しない一時間があったとしても、その学習環境を整えて学習活動を促進するのが指導であり、その黙って見守る指導は同時に児童・生徒の成長を評価する営みでもあるのだ。

第一節　指導の方法論

総合的な学習の時間は、探究的な見方・考え方を働かせることを目標として、前章で述べたように第1の目標を設定している。このことを踏まえて、学習指導要領では次のように説明している。小学校の文言〔中学校：異なる文言〕と異同を示した。

小学校学習指導要領（平成二十九年三月三十一日文部科学省告示第六十三号）第五章総合的な学習の時間
中学校学習指導要領（平成二十九年三月三十一日文部科学省告示第六十四号）第四章総合的な学習の時間
高等学校学習指導要領（平成三十年三月三十日文部科学省告示第六十八号）第四章総合的な探究の時間
第2　各学校において定める目標及び内容

〔中略〕

3　各学校において定める目標及び内容の取扱い

〔中略―第2章に掲載〕

(6) 探究課題の解決を通して育成を目指す具体的な資質・能力については、次の事項に配慮すること。

ア　知識及び技能については、他教科等及び総合的な学習の時間で習得する知識及び技能が相互に関連付けられ、社会の中で生きて働くものとして形成されるようにすること。

イ　思考力、判断力、表現力等については、課題の設定、情報の収集、整理・分析、まとめ・表現などの探究的な学習〔高等学校：探究〕の過程において発揮され、未知の状況において活用できるものとして身に付けられるようにすること。

ウ　学びに向かう力、人間性等については、自分自身に関すること及び他者や社会との関わりに関することの両方の視点を踏まえること。

(7) 目標を実現するにふさわしい探究課題及び探究課題の解決を通して育成を目指す具体的な資質・能力については、教科等〔高等学校：教科・科目等〕を越えた全ての学習の基盤となる資質・能力が育まれ、活用されるものとなるよう配慮すること。

この(6)では、第1の目標を踏まえて、**資質・能力の三つの柱**に即して、整理している。アの**知識及び技能**では、総合的な学習の時間の探究的学習も、各教科の学習も、生きる力となるように**横断的・総合的な学習**であることが強調されている。

イの**思考力・判断力・表現力等**では、**探究的な学習**の過程を強調して、未知の状況にも応用できる能力であることが述べられている。図式的にいえば、①**課題の設定**があり、②その課題から始まる**情報の収集**があり、③その情報の**整理・分析**があり、④その成果の**まとめ・表現**があるという流れである。この流れが、一つの課題を通してつながり、さらに次の課題へとつながっていくプロセスである。このプロセスを、『学習指導要領解説』では図表1のようにわかりやすく図示している。そしてウの**学びに向かう力・人間性等**としては、「自分自身に関すること」や「他者や社会との関わりに関すること」の二つの視点が強調される。この文言は、**特別の教科である道徳**を小学校と中学校の学習指導要領で規定する内容項目をまとめる**四つの視点**を前提としている。すなわち、「A 主として自分自身に関すること」「B 主として人との関わりに関すること」「C 主として集団や社会との関わりに関すること」「D 主として生命や自然、崇高なものとの関わりに関すること」のうちのBとCの視点に該当する。特別の教科である道徳が設定されていない高等学校の学習指導要領でもこの言葉が使われることに違和感があるかもしれないが、**学校の教育活動全体を通じて行う道徳教育**はあらゆる学校教育で実施される教育である。

また(7)では、横断的・総合的な学習の前提として、「全ての学習の基盤となる資質・能力」が述べられている。総合的な学習の時間でも強調される基盤的な能力として、言語の能力と情報活用能力がある。**言語能力**とは、言語にかかわる知識及び技能や態度などを基盤として、論理的思考や感情などのコミュニケーションまでも含むものである。すでに二〇〇八(平成二〇)年と二〇〇九(平成二一)年の学習指導要領から、**言語活動**という学びのスタイルが国語教育のみならず、すべての教科等にわたって強調されているが、こうした活動を踏まえた能力と考えてよいだろう。また**情報活用能力**とは、様々な情報を把握して、情報技術を活用して、問題を発見したり解決したり自分の判断や見解を持ったりする能力である。情報活用能力には、情報モラルと呼ばれる情報に関するルールや

図表 1　探究における児童・生徒の学習の姿

文部科学省『小学校学習指導要領解説　総合的な学習の時間編』2017 年（9 頁）、『中学校学習指導要領解説　総合的な学習の時間編』2017 年（9 頁）、『高等学校学習指導要領解説　総合的な学習の時間編』2018 年（12 頁）による。

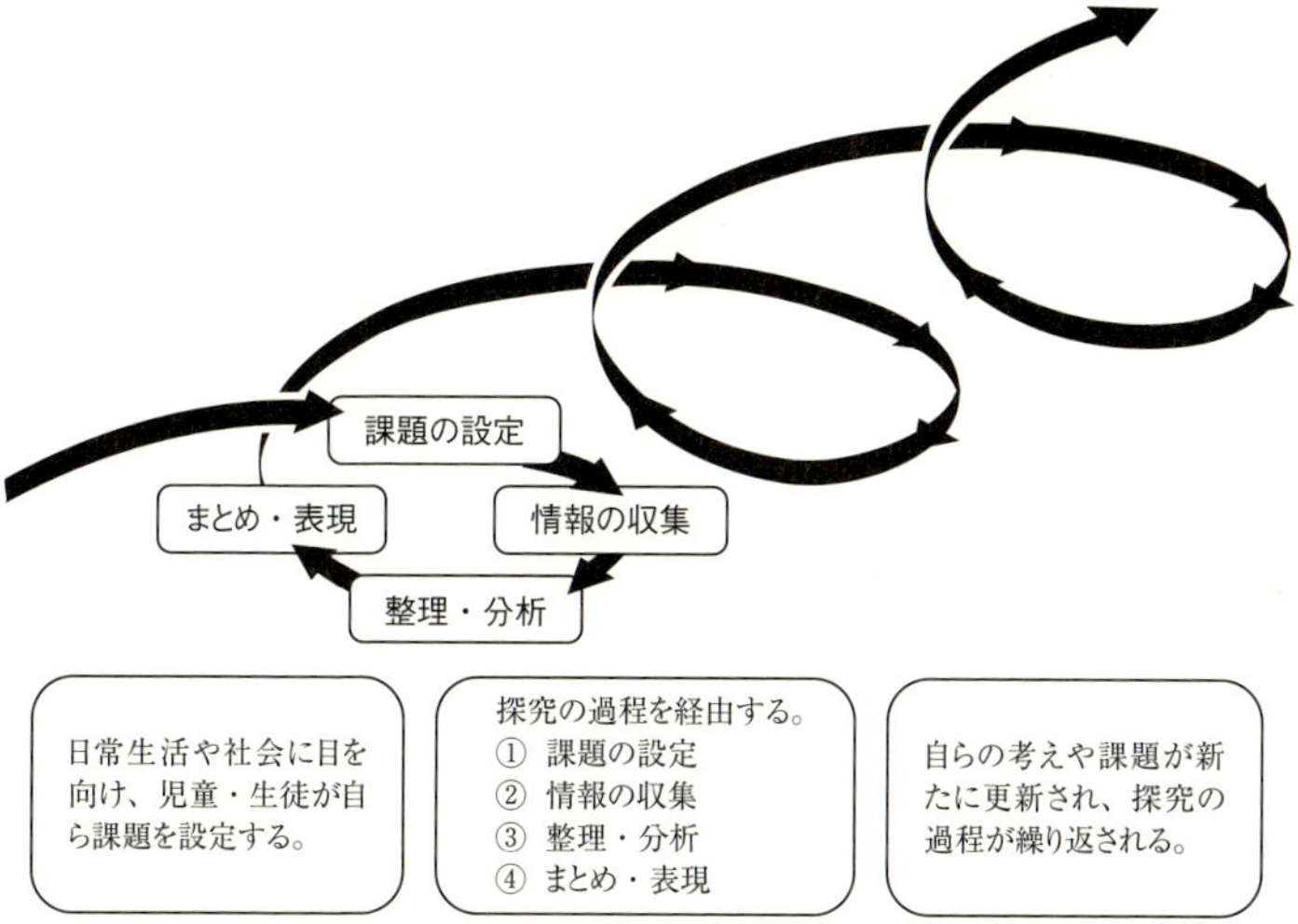

図表 2　アクティブ・ラーニングの概念図

アクティブ・ラーニングの概念図　中央教育審議会答申「幼稚園、小学校、中学校、高等学校及び特別支援学校の学習指導要領等の改善及び必要な方策等について」2016 年 12 月 21 日より。

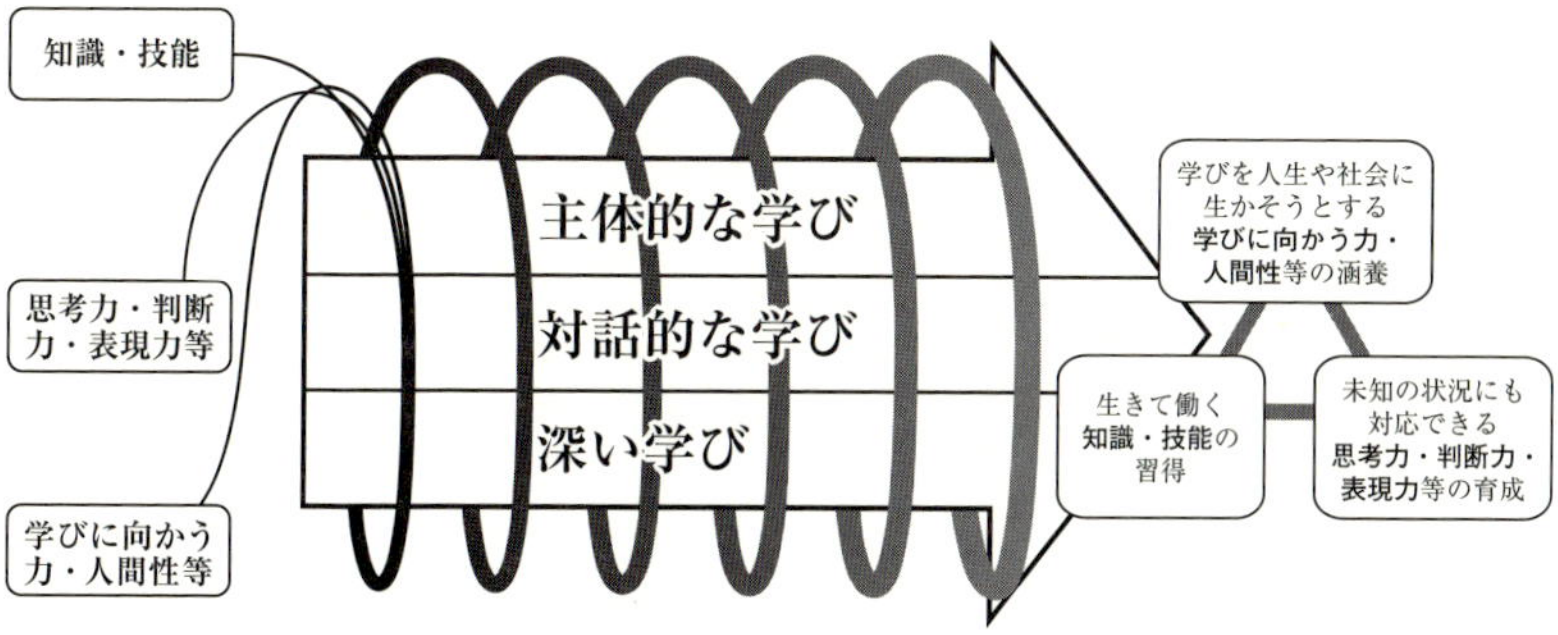

マナーを理解して行動できることも含まれている。

こうした一連の学び方の考えには、二〇一七（平成二九）年と二〇一八（平成三〇）年の学習指導要領において**主体的・対話的で深い学び**と定義された、**アクティブ・ラーニング**の考え方がある。この広範なアクティブ・ラーニングもまた、図表2に示されるようなプロセスとして説明されている。

第二節　探究課題ごとの留意事項

学習指導要領に例示された**探究課題**は前章で見たが、そのときに配慮するべき事項についても確認しておきたい。読みにくいかもしれないが、箇条書きになっている項目ごとに読解がしやすいように、小学校の文言〔中学校：異なる文言〕と異同を示して、「◎……とは」と、説明を書き込んだ。

小学校学習指導要領（平成二十九年三月三十一日文部科学省告示第六十三号）第五章総合的な学習の時間
中学校学習指導要領（平成二十九年三月三十一日文部科学省告示第六十四号）第四章総合的な学習の時間
高等学校学習指導要領（平成三十年三月三十日文部科学省告示第六十八号）第四章総合的な探究の時間

第3　指導計画の作成と内容の取扱い

〔中略―第4章に掲載〕

2　第2の内容の取扱いについては、次の事項に配慮するものとする。

（1）第2の各学校において定める目標及び内容に基づき、児童〔中学校・高等学校：生徒〕の学習状況に応じて教師が適切な指導を行うこと。

◎児童・生徒の具体的な学習状態を踏まえて、教師による指導が必要であることを強調している。

〔高等学校：（2）課題設定においては、生徒が自分で課題を発見する過程を重視すること。〕

◎高等学校では、高度で自立的な探究として「発見」が強調されていることに対応している。

〔高等学校：（3）第2の3の（6）のウにおける両方の視点を踏まえた学習を行う際には、これらの視点を生徒が自覚し、内省的に捉えられるよう配慮すること。〕

◎高等学校で「自分自身に関すること」や「他者や社会との関わりに関すること」の二つの視点については、小学校や中学校の特別の教科である道徳を踏まえて、生徒自身が自ら考えていくことを重視して、「内省」という文言を用いている。

（2）〔高等学校：（4）〕探究的な学習〔高等学校：探究〕の過程においては、他者と協働して課題を解決しようとする学習活動や、言語により分析し、まとめたり表現したりするなどの学習活動が行われるようにすること。その際、例えば、比較する、分類する、関連付けるなどの考えるための技法が〔高等学校：自在に〕活用されるようにすること。

◎児童・生徒の協働したグループ学習や、言語活動としての分析やプレゼンテーションや、思考と分析のための様々な技法を活用することを強調している。

（3）〔高等学校：（5）〕探究的な学習〔高等学校：探究〕の過程においては、コンピュータや情報通信ネットワークなどを適切かつ効果的に活用して、情報を収集・整理・発信するなどの学習活動が行われるよう工夫すること。その際、コンピュータで文字を入力するなどの学習の基盤として必要となる情報手段の基本的な操作を習得し、〔中学校・高等学校：なし〕情報や情報手段を主体的に選択し活用できるよう配慮すること。

◎文字入力から学び始める小学校の段階から情報科が必修となっている高等学校まで、それぞれの学習状況を踏まえたＩＣＴの活用を強調している。

（4）〔高等学校：（6）〕自然体験や〔中学校：自然体験や職場体験活動、〕〔高等学校：自然体験や就業体験活動、〕ボランティア活動などの社会体験、ものづくり、生産活動などの体験活動、観察・実験、見学や調査〔高等学校：観察・実験・実習、調査・研究〕、発表や討論などの学習活動を積極的に取り入れること。

◎環境、社会福祉、職業など多様な体験的な学習活動を強調し、さらに体験に留まらない発表や討論に至る探究的な学習のプロセスを強調している。

（5）〔高等学校：（7）〕体験活動については、第1の目標並びに第2の各学校において定める目標及び内容を踏まえ、探究的な学習〔高等学校：探究〕の過程に適切に位置付けること。

◎体験的な学習活動は、単に体験すればよいのではなく、探究的な学習として資質・能力の三つの柱に即した計画的な取り組みが必要であり、学校全体としての取り組みとして適切に行うことを強調している。

（6）〔高等学校：（8）〕グループ学習や異年齢集団による学習〔高等学校：個人研究〕などの多様な学習形態、地域の人々の協力も得つつ、全教師が一体となって指導に当たるなどの指導体制について工夫を行うこと。

◎学習形態がグループ学習のほか、学年横断の異年齢集団学習や、高等学校では卒業研究の形で実績のある個人研究など多様なスタイルがあることと、チームとしての学校の体制で地域と連携して指導にあたることを強調している。

（7）〔高等学校：（9）〕学校図書館の活用、他の学校との連携、公民館、図書館、博物館等の社会教育施設や社会教育関係団体等の各種団体との連携、地域の教材や学習環境の積極的な活用などの工夫を行うこと。

◎学校図書館の活用のほか、地域の教育機関や団体等を連携協力の対象として挙げ、さらに地域で蓄積された教材や環境の活用を強調している。

（8）国際理解に関する学習を行う際には、探究的な学習に取り組むことを通して、諸外国の生活や文化などを体験したり調査したりするなどの学習活動が行われるようにすること。〔中学校・高等学校：なし〕

◎小学校では、外国語学習などがまだ十分ではないので、とくに生活や文化を体験することが中心となるように示している。

〔中学校：（8）〔高等学校：（10）〕職業や自己の将来〔高等学校：進路〕に関する学習を行う際には、探究的な学習〔高等学校：探究〕に取り組むことを通して、自己を理解し、将来の生き方〔高等学校：在り方生き方〕を考えるなどの学習活動が行われるようにすること。〕

◎職業の体験学習は小学校でも行われるが、義務教育の最後の段階である中学校やキャリア形成が大きな位置づけを持つ高等学校では、自己理解や将来像をも考えるなどの課題を示している。

（9）情報に関する学習を行う際には、探究的な学習に取り組むことを通して、情報を収集・整理・発信したり、情報が日常生活や社会に与える影響を考えたりするなどの学習活動が行われるようにすること。第1章総則の第3の1の（3）のイに掲げるプログラミングを体験しながら論理的思考力を身に付けるための学習活動を行う場合には、プログラミングを体験することが、探究的な学習の過程に適切に位置付くよ

うにすること。〔中学校・高等学校：なし〕

◎小学校ではＩＣＴの活用を含む情報についての学習が始まり、小学校の学習指導要領の総則編ではプログラミング的思考が強調されている。しかし、プログラミング技術の習得を目指すのではなく、論理的思考力の獲得が強調されている。

ここに示したのが、小学校、中学校、高等学校の学習指導要領に留意事項が明記されているものである。探究課題は第2章のとおり他にも例示されているし、また、例示以外の設定もできる。ポイントとなるのは、総合的な学習の時間が**横断的・総合的な学習**であるので、他の教科等で過去に学習した内容、すでに獲得している知識及び技能を前提として、また同時期の他の教科等で学ぶ内容とつながりながら構想することである。例えば、美術の時間で直前に学んだ技法を使って探究の成果を表現したり、探究課題を意識して美術で鑑賞するモチーフを工夫してみたり、多くの効果的な工夫ができる。

第三節　評価の方法論

評価とは、達成するべき**目標**について、どのように、どのぐらい、達成されたかを示すものである。したがって目標が設定されてはじめて実施できる行為である。評価を行う主体は、一般に指導にあたる学校の教師であるが、それ以外の様々な主体があり得る。また、評価には、テストで一〇〇点満点で示したり、言葉でコメントしたりするなど多様な方法があるが、最終的に三段階や五段階などで示す段階評価を**評定**という。

この評定を記載する学校の公式の文書が指導要録である。**指導要録**は、児童・生徒の学籍、指導の過程と結果を要約して記録することで、学校の今後の指導に活用するだけでなく、転学先や進学先となる学校に送ったり、保護者に開示するための原本となる。指導要録は多くの秘密となる事項もあるために非公開の文書であるが、保護者に開示するために**通信簿**と呼ばれる文書が作成される。

指導要録については、文部科学省が各教育委員会に通知して、これをもとに、教育委員会が所管の学校の指導要録の様式等を定めている。二〇〇八（平成二〇）年と二〇〇九（平成二一）年の学習指導要領にともなう主な記載事項は、「小学校、中学校、高等学校及び特別支援学校等における児童生徒の学習評価及び指導要録の改善等について」（平成二十二年五月十一日、文部科学省初等中等教育局長通知）で示された。さらに、二〇一七（平成二九）年度からの小学校、翌年度の中学校における特別の教科である道徳の開始にともなって、「学習指導要領の一部改正に伴う小学校、中学校及び特別支援学校小学部・中学部における児童生徒の学習評価及び指導要録の改善等について」（平成二十八年七月二十九日、文部科学省初等中等教育局長通知）を発した。

これにともなう、二〇一九（平成三一）年度現在の様式は次の図表3のようになる。

二〇〇八（平成二〇）年と二〇〇九（平成二一）年の学習指導要領の段階では、各教科についての**観点別学習状況の評価**つまり**観点別評価**として、四観点が導入された。すなわち、（1）関心・意欲・態度、（2）思考・判断、（3）技能・表現、（4）知識・理解である。この観点別評価は、**絶対評価**として、観点ごとに規準を定めてＡＢＣの三段階で評価する。それ以前は、絶対評価を加味した相対評価として集団における位置づけを評価していた。それゆえに当時は「絶対評価の導入」が話題となった。そして**評定**では、教科ごとの学習状況を観点別学習状況の評価を基本としつつ、総括的に評価するのである。評定は、小学校の第三学年までは行わず、第六学年まで

図表3　2019（平成31）年度現在の中学校の指導要録
（2017年度の一部改正によるひな形の抜粋）

各教科の学習の記録

Ⅰ観点別学習状況

教科	観点　　　（学年）	1	2	3
国語	国語への関心・意欲・態度			
	話す・聞く能力			
	書く能力			
	読む能力			
	言語についての知識・理解・技能			
美術	美術への関心・意欲・態度			
	発想や構想の能力			
	創造的な技術			
	鑑賞の能力			

Ⅱ評定

学年＼教科	国語	社会	数学	理科	音楽	美術	保健体育	技術・家庭	外国語		
1											
2											
3											

総合的な学習の時間の記録

学年	学習活動	観点	評価
1			
2			
3			

特別の教科　道徳

学年	学習状況及び道徳性に係る成長の様子
1	
2	
3	

は1から3の三段階評価、中学校は1から5の五段階評価となる。

総合的な学習の時間では、一九九八（平成一〇）年と一九九九（平成一一）年の学習指導要領により導入された当初から、数値による評価や段階による評定を行わず、**所見**を記入するスタイルとなった。こうした記述式のスタイルは、新しく導入された特別の教科である道徳でも導入されて、数値の評価や段階による評価は行わず、成長の様子として記述式で評価を行うことになった。

二〇一七（平成二九）年と二〇一八（平成三〇）年の指導要録のひな形は、二〇一八年末現在、まだ文部科学省からは通知されていない。しかし、すでに各教科等を通して、**資質・能力の三つの柱**を目標に掲げる形で整理されており、第一に**知識及び技能**、第二に**思考力・判断力・表現力等**、第三に**学びに向かう力・人間性等**が前提となる。ただし、人間性という表現は資質・能力の目標としては掲げられても、評価の項目としては「教師が子どもの人間性を評価する」という尊大な行為となってしまうので、各教科の見方・考え方を踏まえた表現となる予定である。

二〇一七（平成二九）年と二〇一八（平成三〇）年の学習指導要領は、小学校で二〇二〇年度から全面実施として、中学校では二〇二一年度から全面実施として、高等学校では二〇二二年度から年次進行として実施される。これに基づく総合的な学習の時間の評価について考えよう。

総合的な学習の時間については、資質・能力の三つの柱を踏まえた目標が秩序づけられて、第2章の図表5「目標と内容からみた総合的な学習の時間の構造」のようになっている。したがって、学習指導要領に示された**第1の目標**を踏まえて、**各学校において定める目標**が、観点別評価の基本となる。さらに、第一節で引用したとおり、学習指導要領総合的な学習の時間編の第2の3の（6）にある、探究課題の解決を通して育成を目指す具体的な資質・能力として配慮するとした事項も踏まえる必要がある。

指導要録に所見として記載する評価の前提としては、探究課題やテーマを定めた単元ごとに児童や生徒の学習状況を把握して、評価することになる。第4章で見る学習計画においても、こうした目標と評価を予め考えておくことになる。総合的な学習の時間の導入以来、ペーパーテストによる数値評価は適当ではないと考えられてきた。また、生徒の探究的な学習は前提であるから一時間ごとに評価するよりも、年間や単元など、まとまった時間数をみて評価を行うべきである。

実際の評価の方法は、多様な手法が考えられている。こうした手法を組み合わせて考えたい。

討議やグループ学習を教師は見守る立場となるので、子どもたちの学習活動を見ながら行う**観察評価**が最も一般的である。教師は集団を見守るだけではなく、一人ひとりを見守るのであり、探究的な学習のプロセスを対象にして、指導と合わせてできる。

レポートやワークシート、学習ノートや作品等の成果物ができあがるので、**成果物評価**も実施しやすい。ただし、これは成果物の完成度や出来映えに目がいってしまったり、グループ学習の結果だと一人ひとりの学習状況が把握できなかったりする限界もある。

物だけではなく、口頭発表、プレゼンテーションなどの行動を対象として、獲得したコミュニケーション能力やプレゼンテーション能力を見極める**パフォーマンス評価**も大切である。ただし、グループ学習では集団発表になることも多いので、一人ひとりの学習状況を見る工夫が必要となる。

成果物評価と似ているが、美術家やデザイナーやそれを目指す学生たちが過去の作品をまとめた冊子をポートフォリオ（紙挟み）というが、子どもたちが一人ひとりポートフォリオを作成する**ポートフォリオ評価**も広がっている。ただし完成した作品やプレゼンテーション資料だけではなく、探究課題の最初の問題発見や解決案などのメモに始まって、文献調査のコピーや聞き取りの記録など、プロセスを重視して収録する。大きめの二穴ファイルに綴じる形式も、透明シートに入れる形式も、ノートに貼りつける形式も、工夫できる。雑多な集積物にならないためにも取捨選択のルールを工夫して、教師が情報のまとめ方という観点で指導して、教師の指導の助言や結果へのコメントもここに収める。このポートフォリオ評価の最大の利点は、学習過程と成果を保護者に示せることである。ポートフォリオは子どもの手元に残るので、教師を目指す学生が自分が児童・生徒として作成したポートフォリオを持参して学習計画を発表する自信に満ちた姿を、私も何度も見たことがある。形になることは、心に残る評価だと考える。

また評価する主体は教師だけではない。子どもたちが自分自身の学習を振り返る**自己評価**は、意欲・関心・態度を自己分析するうえでも、効果的である。グループ学習やお互いの成果物や発表のパフォーマンスから、**相互評価**を行うことも重要である。もちろん、子どもたちの評価であるから、否定的すぎたり甘かったりということはある。しかし、自分たちの学習を見直す大切な機会となる。教師はそのための評価シートを作成するなどの工夫をしたい。また、総合的な学習の時間は、地域の人々や保護者など多くの関係者の連携協力で成り立つのだから、感想やコメントをもらう**他者評価**も大切である。こうした評価は、ポートフォリオにも綴じ込んでおきたい。

評価される対象は児童・生徒の学習だけではない。教師の指導や、その前提となる計画もまた評価の対象である。現在の学校教育は、**社会に開かれた教育課程**として、地域の特性などを踏まえて、獲得した生きる力を持って予測不可能な変化に通用する資質・能力を獲得するためのカリキュラムが必要である。このために、学校は**カリキュラム・マネジメント**という課題を重視して、学校の教育目標を明確にして、校長を中心に、学年や教科などを横断して取り組む必要がある。このプロセスは、計画を作成して（Plan）、実行して（Do）、点検して（Check）、改善の行動を起こす（Action）という**PDCAサイクル**として理解できる。

総合的な学習の時間は、探究課題を生活の場や社会の現実の問題に求めていくのだから、社会に開かれたカリキュラムの最前線と言える。また、評価でも、自己評価、相互評価、他者評価などが多様に考えられるように、豊かなPDCAサイクルが求められる。学級、学年、教科など学校の一部にかかわる教師が一緒になって総合的な学習の時間に取り組むという、次章に詳述するチーム学校の典型例でもある。目標と評価という関係を、広がりのあるプロセスと捉えることに心がけたい。

第4章　総合的な学習の時間の指導計画

高橋陽一

最初に否定的なことを言っておこう。随分と定着してきた総合的な学習の時間であるが、学生たちの小中学校の体験発表や、教育実習の報告のなかで、総合的な学習の時間が軽視されて、自習や他教科に転用されていたと思われる体験談を聞くことがある。もちろん、他教科と横断的に時間を融通したり、様々な自学自習の学びに活用されること自体は、決して法令違反ではない。しかし、総合的な学習の時間がまだまだ定着していないという実感がある。

この問題が深刻だったのが、一九九八（平成一〇）年と一九九九（平成一一）年の学習指導要領で導入された数年間で、このために二〇〇三（平成一五）年の学習指導要領の一部改正では計画的な指導が強調された。このことがあって、今日では予測不可能な変化に対応できる生きる力を育成するものとしての総合的な学習の時間の意義が問われているのである。

第一節　チーム学校

総合的な学習の時間が学校で教師にも児童・生徒にも誤解されやすい背景には、総合的な学習の時間とはこういうものだと自信を持って言える専門家の少なさがある。例えば美術については、高等学校や中学校の美術の免許状があり、小学校全科の免許状にも図画工作科が含まれているので、どの学校にも美術の専門家がいる。これに対して、総合的な学習の時間の免許状はない。**教育職員免許法**の改正によって、二〇一九（平成三一）年度から日本中の大学の教員養成で「総合的な学習の時間の指導法」が必修となるのだが、たしかに遅きに失した観がある。

こうしたなかで、総合的な学習の時間の計画を持ち、実践していくためには、チームとしての学校つまり**チーム**

図表1　チーム学校の概念図

中央教育審議会答申「チームとしての学校の在り方と今後の改善方策について」2015年12月21日より。

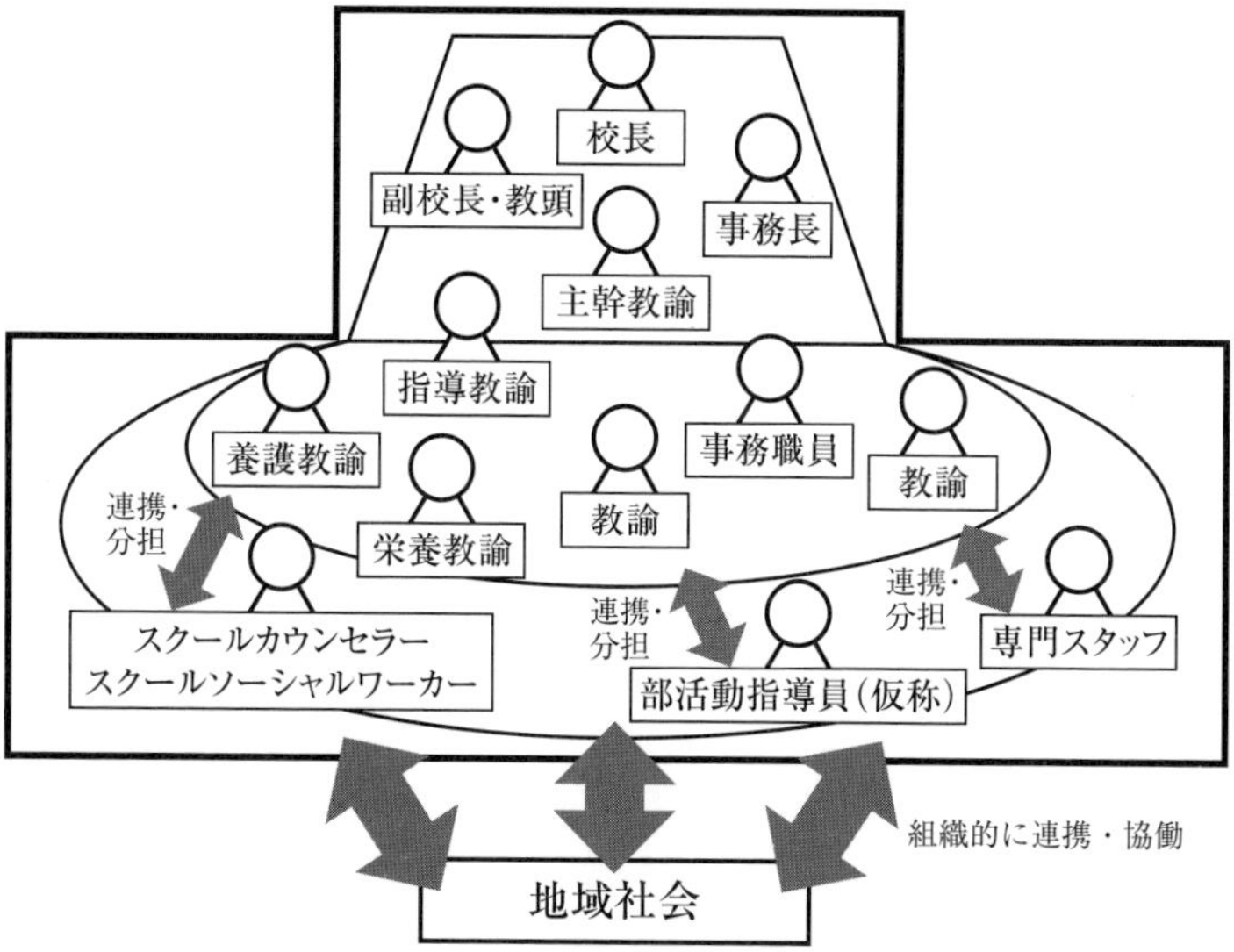

学校という概念を確認していく必要がある（図表1）。

こうして、**社会に開かれた教育課程**が実現して、校長のもとにすべての教師がかかわる**カリキュラム・マネジメント**が成立するのである。

総合的な学習の時間という視点から見ると、教師は小学校全科の免許状を持つ学級担任だったり、中学校や高等学校の教科の免許状を持つ教科担任だったりする。こうした教師集団が、校長のもとで、さらに校長を支える副校長・教頭、主幹教諭などの有機的な体制を持ち、教務主任や学年主任も含めてすべての教師が校務分掌を明確にしていくことで、学校という組織が成り立つ。しかし学校は教師だけではなく、事務職員などの経営をサポートするスタッフ、学校医やスクールカウンセラーやスクールソーシャルワーカーなどの専門家、そのほか多くのメンバーがいる。さらに学校に所属するのではなく、外部から意見を言う学校評議員や保護者会・ＰＴＡの人たち、連携協力する地域住民団体などが支えている。こうした幅広い学校を支える人たちを、チーム学校として捉えることができる。
総合的な学習の時間は、総合的な学習の時間に関する高度の専門性は教師も持っていないことを前提にしてもよい。しかし、教師が持っている教育全般と教科の専門性を組み合わせ、文字通り総合することで、実現するのである。したがって、このチーム学校という発想を、総合的な学習の時間のためにも再確認しておく必要がある。

第二節　指導計画の意義

まずは、学習指導要領から、**指導計画**についての規定を確認しておこう。指導計画には、在学中の数年間に及ぶ**全体計画**、一つの学年に及ぶ**年間指導計画**、探究課題などの内容や時間のまとまりを単元と捉えて構成する**単元指導計画**があり、一時間の授業と捉えたときには**学習指導案**と呼ばれる。箇条書きになっている項目ごとに読解がしやすいように、小学校の文言〔中学校：異なる文言〕と異同を示して、「◎……とは」と、説明を書き込んだ。

小学校学習指導要領（平成二十九年三月三十一日文部科学省告示第六十三号）第五章総合的な学習の時間
中学校学習指導要領（平成二十九年三月三十一日文部科学省告示第六十四号）第四章総合的な学習の時間
高等学校学習指導要領（平成三十年三月三十日文部科学省告示第六十八号）第四章総合的な探究の時間
第3　指導計画の作成と内容の取扱い
1　指導計画の作成に当たっては、次の事項に配慮するものとする。
（1）年間や、単元など内容や時間のまとまりを見通して、その中で育む資質・能力の育成に向けて、児童〔中学校・高等学校：生徒〕の主体的・対話的で深い学びの実現を図るようにすること。その際、児童〔中学校・高等学校：生徒〕や学校、地域の実態等に応じて、児童〔中学校・高等学校：生徒〕が探究的な見方・考え方を働かせ、教科等〔高等学校：教科・科目等〕の枠を超えた横断的・総合的な学習や児童〔中学校・高等学校：生徒〕の興味・関心等に基づく学習を行うなど創意工夫を生かした教育活動の充実を図ること。

◎ここでは、総合的な学習の時間では年間や単元というまとまりを見据えて、アクティブ・ラーニングとして行うことを定めて、すでに見た特色がまとめられている。

（2）全体計画及び年間指導計画の作成に当たっては、学校における全教育活動との関連の下に、目標及び内容、学習活動、指導方法や指導体制、学習の評価の計画などを示すこと。〔中学校：その際、小学校における総合的な学習の時間の取組を踏まえること。〕

◎全体計画と年間指導計画では、学校教育全体のもとに確定するべき事項を列記して示している。中学校では小学校の取り組みを踏まえる必要を明記するが、高等学校でもこうした留意は必要である。

〔高等学校：（3）目標を実現するにふさわしい探究課題を設定するに当たっては、生徒の多様な課題に対する意識を生かすことができるよう配慮すること。〕

◎高等学校では学校の特色を活かしたり、小学校や中学校のグループ学習とは異なる個人研究のスタイルを導入するなど多様性に配慮することを示している。

（3）〔高等学校：（4）〕他教科等及び総合的な学習〔高等学校：探究〕の時間で身に付けた資質・能力を相互に関連付け、学習や生活において生かし、それらが総合的に働くようにすること。その際、言語能力、情報活用能力など全ての学習の基盤となる資質・能力を重視すること。

◎横断的・総合的な学習として位置づけ、さらに基盤となる言語能力や情報活用能力を重視することを定めている。

(4)〔高等学校：(5)〕他教科等の目標及び内容との違いに留意しつつ、第1の目標並びに第2の各学校において定める目標及び内容を踏まえた適切な学習活動を行うこと。

◎指導計画において、第1の目標や各学校において定める目標と内容を踏まえることを明確にしている。

(5)〔高等学校：(6)〕各学校における総合的な学習〔高等学校：探究〕の時間の名称については、各学校において適切に定めること。

◎総合的な学習の時間を、学校が独自に「○○の時間」などと名づけてよいことを示している。

(6)〔高等学校：(7)〕障害のある児童〔中学校・高等学校：生徒〕などについては、学習活動を行う場合に生じる困難さに応じた指導内容や指導方法の工夫を計画的、組織的に行うこと。

◎総合的な学習の時間は特別支援学校でも行われるが、小学校、中学校、高等学校にも発達障害を含む様々な障害のある児童・生徒が学んでいる。身体障害のため体験学習に配慮が必要であったり、発達障害で討議や発表に困難がある子どもたちもいる。こうした障害にも困難を乗り越える工夫を学校が行うことを定めている。

(7) 第1章総則の第1の2の(2)に示す道徳教育の目標に基づき、道徳科などとの関連を考慮しながら、第3章特別の教科道徳の第2に示す内容について、総合的な学習の時間の特質に応じて適切な指導をすること。〔高等学校：なし〕

◎小学校と中学校では、学習指導要領総則編に示す学校の教育活動全体を通じて行う道徳教育とともに、特別の教科である道徳との関連が重視される。とくに学習指導要領の特別の教科道徳編に定める四つの視点や内容項目などに留意することと定めている。高等学校ではこの項目はないが、学校の教育活動全体を通じて行う道徳教育がある点では同じである。

〔高等学校：(8) 総合学科においては、総合的な探究の時間の学習活動として、原則として生徒が興味・関心、進路等に応じて設定した課題について知識や技能の深化、総合化を図る学習活動を含むこと。〕

◎高等学校総合科の課程では名称のとおり教育課程に総合性があるとともに、多様な教科・科目を選択して総合化する課題研究が必須となっている。この重複に留意して、総合的な探究の時間では、探究課題として横断的・総合的であるよりも、生徒ごとの興味・関心や進路にそったものを含むように定めている。

〔以下省略—第3章に掲載〕

逐条的に説明を加えたが、指導計画がすでに第3章までに見た目標、探究的な見方・考え方という特色にそって示されていることがわかる。

ここまででは省略したが、(6)(高等学校では(7))で示した障害への配慮は、特別支援学校をセンターとしてすべての学校にわたる**特別支援教育**の課題として重要である。この概要は『特別支援教育とアート』に記したので併せて読んでほしい。子どもたちの障害とそれに対する配慮は、現場の教師の理解と技法が大切ではあるが、ただ現場任せではなくて、指導計画をもとにチーム学校として全体で対応していくということが重要である。

第三節　全体計画と年間指導計画

在学中の数年間に及ぶ全体計画や、一つの学年に及ぶ年間指導計画を考えてみよう。中学校であれば第一学年から第三学年の在学する三年間が全体計画になるが、その学校には同時に違う年度の生徒がいるのだから、全体計画ではむしろ学校全体の計画の形で示すことが多い。

ここまで検討した学習指導要領の規定からは、次のような要素が必要になる。

①第1の目標
②児童・生徒、地域、学校などの実態
③学校の教育目標
④総合的な学習の時間の名称
⑤各学校において定める目標
⑥各学校において定める内容
⑦単元の目標及び内容
⑧学習活動
⑨指導方法
⑩指導体制
⑪学習の評価

⑫障害等の配慮
⑬各教科等との関連
⑭地域との連携
⑮学校間連携・以前の学校の取組

まずは**全体計画**のスタイルの例である。前掲の一五項目のうち、⑦は年間指導計画がふさわしいので省略すると、図表2のようになる。

この例では、持続可能な社会というテーマで、三年間、三学年を貫く計画で、他の課題は学年や学級ごとに設定することにした場合である。もちろん、ここまでの統一性がないほうが多様な探究課題を設定できるだろう。

次に**年間指導計画**である。年間指導計画にあたっては、学校教育法施行規則などに定める時間数を確保する必要がある。第1章の図表5に示した授業時数を、一年間に三五週間の授業があるとすると次の図表3のようになる。

このように、総合的な学習の時間が一週間の時間割に二時間ずつ設定される「年間継続型」もある。しかしこれでは、学年全体の行事として数時間を共通して使うときには困難なので、「集中型」として行うこともある。総合的な学習の時間による学校外での訪問活動や学校での発表会なども集中型は便利である。学習指導要領の総則編では、一五分などの短い時間に区切ることや、特別活動の学校行事が総合的な学習の時間と同じ成果が期待できる場合は振り替えてよいことが記されている。実際の学校では、こうした時間数を調整して、「年間継続型」と「集中型」を合わせた「複合型」「並列型」をとることが多い。

こうして年間指導計画では、どれだけの時間を、どのような形態（学校全体、学年全体、学級ごと）で行うかも

図表２　全体計画の例

<table>
<tr><td colspan="4">○○市立○○中学校　④サスティナブルな○○の時間　2022 年 4 月
〔その学校での総合的な学習の時間の名称〕</td></tr>
<tr><td colspan="4">①学習指導要領に定める総合的な学習の時間の目標
(1) 探究的な学習の過程において、課題の解決に必要な知識及び技能を身に付け、課題に関わる概念を形成し、探究的な学習のよさを理解するようにする。
(2) 実社会や実生活の中から問いを見いだし、自分で課題を立て、情報を集め、整理・分析して、まとめ・表現することができるようにする。
(3) 探究的な学習に主体的・協働的に取り組むとともに、互いのよさを生かしながら、積極的に社会に参画しようとする態度を養う。</td></tr>
<tr><td rowspan="3">②○○市の様子と課題</td><td colspan="2">わが校の様子：○○市の中央に位置して、県庁所在地への電車通勤が多い住宅街と商店街に住む子どもたちが多数を占める。</td><td rowspan="3">③学校の教育目標
未来に生きる力
(1) 地域で育む知恵
(2) 21 世紀を生き抜く実力
(3) 世界に羽ばたく人格</td></tr>
<tr><td colspan="2">保護者の要望：確かな学力を培い、健全な成長を願う。
（2021 年度 PTA 総会課題）</td></tr>
<tr><td colspan="2">地域の要望：環境と活力の共存するまちづくり。
（2021 年 10 月地域振興会議報告書）</td></tr>
<tr><td colspan="4">⑤学校において定める「サスティナブルな○○の時間」の目標
(1) 地域の環境問題や課題を知り、広く各教科の知識と結合する。
(2) 地域を変えていく知恵を出し合い、小さな一歩でも持続可能な地域環境へと改善する。
(3) 地域の人々から世界の人々まで、つながりを実感して貢献する態度を養う。</td></tr>
<tr><td colspan="4">⑥学校において定める「サスティナブルな○○の時間」の内容（⑦単元の目標及び内容）</td></tr>
<tr><td>わが街の暮らし
地域の産業と文化を調査します。まちづくりを体験します。</td><td>ゴミを減らす
リサイクルやゴミの減量を専門家から学びます。可能な改善点を発見します。</td><td>わが街の人物と生物
人間と自然を見つめます。街並みと公園を小さな努力で整備します。</td><td>その他
興味関心に応じて多様な探究課題をクラスごとに模索します。</td></tr>
<tr><td colspan="4">学習活動を支えるために</td></tr>
<tr><td>⑧学習活動の特色
保護者と共有できるポートフォリオ兼連絡帳を活用。</td><td>⑨指導方法
３つの単元は学校全体で取り組み、その他の課題は学年・クラスで実施。</td><td>⑩指導体制
サスティナブル会議を設定して全体の連絡と運営にあたる。</td><td>⑪学習の評価
ポートフォリオ評価と外部評価を実施。</td></tr>
<tr><td>⑫障害等の配慮
各担当間の連携を持つとともに、生徒の自発的な助け合いを促進。</td><td>⑬各教科等との関連
全教科で環境保護や持続可能な社会の在り方を取り上げ、成果を全校で共有。</td><td>⑭地域との連携
２つの商店会と４つの町内会と連携。代表者を年４回、サスティナブル会議に招いて外部評価を実施。</td><td>⑮学校間連携・以前の学校の取組
校区の２小学校の第３学年の課題と連携して地域全体の取組に。</td></tr>
</table>

図表3　1週間あたりの総合的な学習の時間の授業時数

		2017-18年学習指導要領	1週間の時間割の時間数
小学校	3年	70	2
	4年	70	2
	5年	70	2
	6年	70	2
中学校	1年	50	2未満
	2年	70	2
	3年	70	2
高等学校	1年～3年	3～6単位（2単位まで減少可能） 70～210	1未満～2

図表4　3年間の関係を示した年間指導計画の例

○○市立○○中学校　　サスティナブルな○○の時間　2022年度

月	4	5	6	7	8	9	10	11	12	1	2	3
1年 (50)									地域 美化 (6)		わが街の人物と 生物(9) 公園訪問2時間	
	学級ごと探究課題(35)週1時間											
2年 (70)		わが街の暮らし(13) 訪問調査4時間				ゴミを減らす(7) 清掃工場見学2時間			地域 美化 (6)		わが街の人物と 生物(9) 文献調査を中心に	
	学級ごと探究課題(35)週1時間											
3年 (70)		わが街の暮らし(13) 訪問調査2時間				ゴミを減らす(7) 地球環境の理解			地域 美化 (6)		わが街の人物と 生物(9) 発表会2時間	
	学級ごと探究課題(35)週1時間											

図表5　各教科との関係を示した年間指導計画の例

○○市立○○中学校　　サスティナブルな○○の時間　2022年度

月	4	5	6	7	8	9	10	11	12	1	2	3
2年 (70)		わが街の暮らし(13) 訪問調査4時間				ゴミを減らす(7) 清掃工場見学2時間			地域 美化 (6)		わが街の人物と 生物(9) 文献調査を中心に	
	学級ごと探究課題(35)週1時間											
国語			報告の文章								図書館を 使う	
社会						(公民) 市場と経済					(歴史的分野) 近現代の日本と 社会	
美術								(表現) 自然と造形				

留意して記す必要がある。要素としては、全体計画では簡略にした⑦単元の目標及び内容を中心に、活動時期と授業時数を明記する必要がある。

図表4は、授業時数がわかるようにしたものだが、可能であれば探究課題、単元ごとの学習内容や各学年の違いなどを書き込んだほうがよい。

図表5は、教科・科目との関連を明示した年間指導計画である。ここでは、探究課題と関連のある単元だけを抜き書きして示しているが、実際にはすべての教科を横断的に示して、直接関係のない部分も含めて一覧にするのが便利である。第13章の図表1の実例を参考にしてほしい（二一〇頁）。

第四節　単元計画と学習指導案

学習内容や時間のまとまりを**単元**と呼び、各教科では教科書の章立てなどに相当する。総合的な学習の時間では、探究課題が単元に相当する。全体計画や年間指導計画で見たように、同じ探究課題を学年ごとに繰り返したり、時期を離して実施することもあるので、学習内容や時間のまとまりを単元として捉えて、単元ごとの目標や内容を明確にして、指導の計画を持ち、評価を行うことが必要である。この計画を示すものが、**単元計画**または**単元指導計画**と呼ばれる文書である。

図表6の単元計画の例では、前節の図表2の全体計画と共通する④などの記号を付した。実際にも、全体計画、年間指導計画、単元計画は一連のプランとして作成していくことになる。

ここでは、単元ごとの課題の設定として、目標と内容を明示することを中心に記した。実際には学習活動をさらに詳しく書いておく必要がある。

総合的な学習の時間では、一時間ごとの指導計画である**学習指導案**を作成しないほうが多い。これは評価を一時間ごとでなく単元ごとに行うことにも関係している。しかし、限られた時間に学習活動をする場合は、こうした分単位の学習指導案を作成しておくのが効率的である。

学習指導案には、単元ごとの流れを書いて、該当する箇所を本時として明記する（図表7）。ここでは、単元全体は省略しておいたが、教師の間で説明するときや研究授業では省略しないほうがよい。学習指導案のポイントは、時間の流れと、人（児童・生徒と教師）と物（教材のほか学習環境も含む）が見えることである。他の授業のように教師の発話や質問、児童・生徒の想定される反応までを書き込む必要はないだろうが、学習活動については、十分に予想したい。

こうした単元計画や学習指導案は、総合的な学習の時間に取り組む学校全体や学年全体で共有して、互いにアドバイスすることが大切である。「郷土読本の〇頁の地図が使える」と社会科の教師が伝えたり、「地図を作るなら一年で通学路のマップ作りをしたから、それを思い出させてほしい」と美術の教師が話したりすることが、チーム学校としての知恵を共有することになる。

図表 6　単元計画の例

2022 年度　〇〇市立〇〇中学校　④サスティナブルな〇〇の時間 〔その学校での総合的な学習の時間の名称〕 第 2 学年（1 組～ 3 組）単元計画			
単元名	⑥学校において定める「サスティナブルな〇〇の時間 」の内容（第 1 課題）		
	第 1 課題　わが街の暮らし　地域の産業と文化を調査します。まちづくりを体験します。		
⑤学校において定める「サスティナブルな〇〇の時間 」の目標 (1) 地域の環境問題や課題を知り、広く各教科の知識と結合する。 (2) 地域を変えていく知恵を出し合い、小さな一歩でも持続可能な地域環境へと改善する。 (3) 地域の人々から世界の人々まで、つながりを実感して貢献する態度を養う。			
⑦単元の目標			
(1)「わが街の暮らし」を生産、流通、消費にわたって知り、各教科の知識と結合する。 (2)「わが街の暮らし」から課題を発見して、まちづくりの提案を考える。 (3) 地域の人々とのつながりを実感して、地域に貢献する態度を養う。			
⑦単元の内容			
第 2 学年においては、「わが街の暮らし」について郷土読本などから知ることや地図をもとに知っていることを出し合うことから始まり、さらに聞き取り調査を実施して、自分自身が地域に貢献するための体験学習を行う。			
指導計画			
時間数	学習内容	指導のポイント	関連する教科等
1	商店街を地図に示す	『郷土読本』を参考に	（社）1 年の郷土 （美）伝えるデザイン
2	商店会長のゲスト講義（学年共通）	ノートを持参して聞く	（道）礼儀
2	商店街訪問調査の準備	調査項目を明確に	言語活動
4	商店街訪問調査	礼儀と安全など	（道）社会参画
2	訪問調査記録作成 記録を商店主に戻す	文章の正確さ 文章における礼儀	（国）報告の文書 （道）礼儀
2	課題発見と提案の作成		言語活動
合計 13			
⑪学習の評価			
(1)「わが街の暮らし」を知り、各教科で知ったことと関連できたか。 (2) グループ学習から自分の提案として「わが街の暮らし」の改善課題を提案できたか。 (3) 地域の人々に敬意を示し、地域貢献の精神を持つことができたか。 ＊記録をポートフォリオにまとめて保護者からの感想をもらう。 ＊訪問した商店にお礼のお手紙を書き、学校としてアンケート（外部評価）を実施する。			

図表 7　学習指導案の例

2022 年度　○○市立○○中学校　④サスティナブルな○○の時間
学習指導案　　　〔その学校での総合的な学習の時間の名称〕
第 2 学年 1 組（在籍 32 名）　担任　○○　○○

単元名	第 1 課題　わが街の暮らし　地域の産業と文化を調査します。まちづくりを体験します。

⑦単元の目標

(1)「わが街の暮らし」を生産、流通、消費にわたって知り、各教科の知識と結合する。
(2)「わが街の暮らし」から課題を発見して、まちづくりの提案を考える。
(3) 地域の人々とのつながりを実感して、地域に貢献する態度を養う。

⑦単元の内容

第 2 学年においては、「わが街の暮らし」について郷土読本などから知ることや地図をもとに知っていることを出し合うことから始まり、さらに聞き取り調査を実施して、自分自身が地域に貢献するための体験学習を行う。

指導計画

時間数	学習内容	指導のポイント	関連する教科等
1　本時	商店街を地図に示す	『郷土読本』を参考に	(社) 1 年の郷土 (美) 伝えるデザイン
2	商店会長のゲスト講義（学年共通）	ノートを持参して聞く	(道) 礼儀
	(以下 10 時間省略)		
合計 13			
準備物	『郷土読本』学校保管分 100 冊から 32 冊をクラスに／白紙の A3 用紙を 8 枚		

本時の展開

時間	学習活動	教材等	指導など
導入 5 分	「商店街について話し合う」課題を理解する 机を 4 人グループに動かす	『郷土読本』の巻末地図を活用	手短かに課題を説明してすぐに机の配置を動かす
展開 30 分	(1) A3 用紙に地図を略記する	A3 用紙の配付	『郷土読本』巻末の地図から商店街の主要道路のみを書くように指示
	(2) グループ内で自由に話す 場所を確認して地図に書き入れる		話し合いの指示のあとは見守る。必要に応じて「この店はどうかな」と語りかける
	(3) 発見をまとめる		地図に商店名や特徴を書き込んだか確認する
まとめ 15 分	10 分「商店街の特色」を 8 名が発表 「○○がよい店だ」という感想 「閉店したままの店がある」という問題の発見 3 分　教師の次回説明を聞く 2 分　片付け	用紙をプロジェクタ投影 教材の回収	グループごとに発表を指示 次回ゲスト講義の説明 机の配置を戻す

⑪学習の評価（単元全体で実施して、本時は (1) の観点で行う。）

(1)「わが街の暮らし」を知り、各教科で知ったことと関連できたか。（本時）
(2) グループ学習から自分の提案として「わが街の暮らし」の改善課題を提案できたか。
(3) 地域の人々に敬意を示し、地域貢献の精神を持つことができたか。

第2部　技法編

第5章　調べ学習の技法：情報の活用

高橋陽一

主体的・対話的で深い学びとしての**アクティブ・ラーニング**は、総合的な学習の時間における、基本的な学び方である。各教科で培った基礎・基本となる知識・技能を前提として、子どもたちが主体的に考えた課題に取り組むためには、課題を把握して解決するために調査するという深い学びに至るプロセスが不可欠になる。ここでは日進月歩の進展を示す情報の調査手法だけではなく、そこで収集した情報を活用して表現するためのルールまでを考えたい。

第一節　調べ学習の準備

例えば、図表1のように中学校の美術教科書に載っていた岡本太郎の「明日（あす）の神話」について興味を持つ中学生がいたとする。美術作品についての鑑賞の授業のなかでも、歴史を含めた深い学びは可能である。さらに、モチーフとなる原子爆弾や作品そのものの歴史的背景は社会科で学ぶ知識が必要となるし、社会や平和について学ぶことは特別な教科である道徳と連動することで課題を掘り下げていくことができる。こうした教科の横断や、各教科で得た知識を深く掘り下げるところに、総合的な学習の時間の可能性がある。

ここで**調べ学習**という学びのスタイルが出てくる。ごく普通に**調査**とか、調査研究と呼んでよいかもしれない。しかし、調査をすることによって得られる学びだけではなく、調査そのものを学ぶという資質・能力の獲得が含まれていると理解できる。

子どもたちが総合的な学習の時間を通じて獲得するべき**資質・能力の三つの柱**に即して整理しよう。**知識及び技能**という点では、これから説明するような、情報検索の仕方、図書の探し方などの技法がある。この前提には、各教科で培われた基本的な知識が必要である。**思考力・判断力・表現力等**という点では、集めた情報を選択し、その当否を判断し、さらに情報を論理的に構成して結論を導き出して説得的に表現する能力を培うことになる。**学びに向かう力・人間性等**という点では、調べようとする意欲を持つところからスタートして、この知的好奇心を仲間や協力者と共有して、さらに成果を表現して分かち合おうとすることである。課題に応じて、自然、社会、文化など様々な教養を培っていくことが実際の社会に貢献する人間性を高めることになるだろう。

もっと具体的に、教師として準備段階で確認するべき調べ学習のポイントを整理しよう。例えば、図表2のようなシートを作成すれば、具体的に見えてくるだろう。こうした作業では、過去の学年でどのような学習をして、子どもたちの能力として定着しているかを把握することが大切である。教師が「学んだはず」と決めつけないためにも、きちんと過去の学年の成果物を提示して想起できるかどうかも大切である。また、教材や教具の確認もしておく必要がある。

この教師による作業を能率的に行うには、学習指導要領そのものを、きちんと通読しておく必要がある。また各教科だけではなく、総則編の理解が大切になる。二〇一七（平成二九）年の『小学校学習指導要領解説　総則編』と『中学校学習指導要領解説　総則編』の冊子巻末の付録として、「現代的な諸課題に関する教科等横断的な教育内容」という参考資料があり、「放射線に関する教育」という内容も

図表１　「明日の神話」を表紙にした美術教科書

大坪圭輔代表『美術 2・3』開隆堂（2016年度版）表紙より。この教科書では、表紙に岡本太郎「明日の神話」を渋谷駅通路の風景として掲載して、さらに表紙の裏で作品の概要を簡潔に説明している。

図表2　調べ学習のための準備シート（担当教員用）

〇〇中学校　2020年度総合的な学習の時間　第3学年　1学期　6時間

調べ学習の課題	岡本太郎「明日の神話」を調べる	
資質・能力	前提となる学習状況	活用できる教材や施設など
知識・技能	（小学校）当校区の2小学校のうち〇小学校は5学年で第五福竜丸（東京都）の校外学習をしている。	第五福竜丸パンフレット（4年前の校外学習の資料）を入手。「都立第五福竜丸展示館」のウェブページ http://d5f.org/ がある。
	（社会）2学年の太平洋戦争の歴史で核爆弾などを学習している。	＊前年度教科書なので手元にない生徒もいる。
	（理科）「科学技術と人間」での原子力の説明は3学年なので、小学校での知識に留まる。	理科教科書の「科学技術と人間」の箇所を活用可能だが、理科の年間指導計画と調整が必要。
	（美術）2-3学年教科書に「明日の神話」をカラー写真で掲載。2学年2学期各クラスの鑑賞の授業で現代美術で取り上げた。	美術教科書は全員が所持。作品概要はNPO法人明日の神話保全継承機構のウェブページ http://www.asunoshinwa.or.jp/ があり、作品細部の拡大機能は電子黒板でも稼働を確認した。
思考力・判断力・表現力等	（総合）各科目を通じてキーボードとマウス操作による検索は一定程度できる。学校図書館利用法は1学年で実施。	3学年普通教室は生徒用パソコン4台。特別教室の利用も可能。 学校図書館は放課後以外は使用時間帯を調整して利用。
	（総合）2学年で実施したグループ学習「私たちの町の4つの公園」の調査と発表の経験がある	2学年3学期のグループ別報告書（生徒各1冊）と発表会記録（画像と発表シート）は備品ロッカーDに保管あり。
学びに向かう力・人間性等	（道徳）視点Cの「公正・公平・社会正義」「国際理解、国際親善」は1学年・2学年とも教科書の教材で扱った。 2学年でAとCクラスのみ外部講師（戦争体験者）招聘授業を実施。3年は3学期の予定。	道徳教科書は総合の学習の時間では用いない。2学年の外部講師招聘授業はビデオ記録と生徒感想文のデータあり。

一見開きで掲載されている。この付録は、『総合的な学習の時間編』には掲載されていないので、注意しておきたい。

第二節　インターネットの活用

二〇一七（平成二九）年に全部改正された小学校学習指導要領では、プログラミング的思考を含む**情報活用能力**が強調されたことが注目された。もちろん、コンピュータのプログラム作成は専門教育や高等教育の課題であろうが、ここでいう**プログラミング的思考**は、自分の意図する一連の活動を実現するために、どのような動きの組み合わせが必要なのかといった、論理的な思考能力をつけていくことを意味する。そのためにも、初歩のプログラミングを体験することが小学校の段階から始まっていくのである。さらにコンピュータでの文字入力や、各教科でのコンピュータを活用した学習活動も強調された。職員室や特別教室にだけパソコンのあった時代から、普通教室に児童・生徒が操作できるパソコンやタブレット端末が配備される時代へと進んでいるのである。総合的な学習の時間における調べ学習も、こうした知識・技能を前提にして、新たな段階へと進むべきである。

教育における**ICT**（Information and Communication Technology）の活用は、二一世紀から政府の施策として積極的に推進され、学校にはコンピュータなどの情報機器が急速に普及した。二〇一七（平成二九）年度の実績として、児童・生徒五・六人あたり教育用コンピュータが一台あるという普及は、ほんの一〇年間で隔世の感がある。つまり、三六人の学級で六人グループに一台のパソコンがあるから、グループでインターネット検索や発表資料の作成ができるという状態が実現しているのである（図表3）。これはあくまで全国平均であって、地域ごとの格差は大きい。同年では佐賀県が国内最高の一・八人あたり一台であり、埼玉県が七・九人あたり一台である。

図表3　教育の情報化の実態（2017年度）

	全学校種	小学校	中学校	義務教育学校	高等学校	中等教育学校	特別支援学校
学校数	33,638	19,529	9,389	46	3,570	31	1,073
教育用コンピュータ1台あたり児童生徒数	5.6人／台	6.4人／台	5.5人／台	4.8人／台	4.6人／台	4.4人／台	2.7人／台
普通教室の無線LAN整備率	34.5%	37.2%	35.2%	60.4%	22.5%	30.8%	36.2%
普通教室の校内LAN整備率	90.2%	89.3%	88.4%	88.3%	94.7%	94.7%	93.9%
超高速インターネット接続率（30Mbps以上）	91.8%	91.2%	91.2%	89.1%	95.7%	96.8%	94.1%
超高速インターネット接続率（100Mbps以上）	63.2%	61.3%	61.1%	65.2%	75.8%	80.6%	74.6%
普通教室の電子黒板整備数	26.8%	28.2%	32.4%	81.1%	20.1%	24.7%	7.5%

文部科学省初等中等教育局「平成29年度学校における教育の情報化の実態等に関する調査結果」について」『教育委員会月報』2018年12月号及び文部科学省のインターネット上のデータ(E-Stat)より抜粋して作成。

操作性の悪さに無用の長物と言われた電子黒板も、タッチパネル式巨大タブレットのような機能を備えつつある。普通教室の電子黒板の普及率も二六・八％にまで進んだ。これは企業の会議室や公共の会議場でも見られない贅沢な普及率である。こちらも佐賀県が最高で、普通教室で一二八・八％の普及率となり、どの教室でも電子黒板一台以上で授業ができるというデータとなる。

こうした環境を総合的な学習の時間では積極的に活用するべきである。まず、インターネット上で情報にアクセスできることを確認しておく必要がある。「明日の神話」の例であれば、作品名や「岡本太郎」、モチーフとなる「原子力」「原子爆弾」「第五福竜丸」などを教師が予め情報を検索して確認する必要がある。こうした事前準備は教師としての教材研究であるだけではなく、子どもたちがインターネットの**有害サイト**に誘導されないための対策である。家庭用や学校用のパソコンでは、事前にこうしたサイトの表示がされないように**フィルタリング**をしておく必要がある。まずは学校の教育用パソコンやインターネット接続の状況を確認しておくが、実際に子どもたちが家庭のパソコンやスマートフォンで検索したときには、様々な情報が提供されるために教師としてはインターネットの情報などを知っておく必要がある。例えば、「体罰」や「児童虐待」を検索すると、子どもには刺激が強すぎる画像が表示されることがある。なお、性的虐待や心理的外傷の誘引とならないためにも青少年有害情報のフィルタリングなどを促進した、**有害サイト規制法**と略称される「青少年が安全に安心してインターネットを利用できる環境の整備等に関する法律」（平成二十年六月十八日法律第七十九号）が制定されている。

なお、多くの検索エンジンでは、ウィキペディアが検索の上位に表示される。今日では、引用文献の明示など信頼度を高める努力が多くのボランティアの参加により進んでいるサイトではあるが、各分野の専門家が署名入りで責任を明示して執筆し編集者や校閲者が確認を重ねた百科事典や専門事典と比べると、情報の正確さには格段の開きがある。私自身は、多くの歴史や教育の事典の執筆編集に参加してきたので、事典の一〇〇文字ほどの項目でも大変な時間と労力がかかることを経験した。その立場から、ウィキペディアの乱雑さは目を覆うのであるが、初歩の検索には大いに活用してよい。なお、学校等が有料の契約をする必要のある、ジャパンナレッジなどの事典の有料サイトや、大手新聞各社の新聞記事検索は、大いに利用したい。

次にこうした検索を経て、情報を提供するサイトに至ることになる。「明日の神話」であれば、岡本太郎記念館のウェブページに一九六七（昭和四二）年のメキシコの実業家による作品依頼から、二〇〇三（平成一五）年の作品の再発見に至る経緯を一覧することができる。またＮＰＯ法人である「明日の神話保全継承機構」のウェブページでは、作品そのものの拡大表示ができるので、東京の渋谷駅（渋谷マークシティ連絡通路）で作品を見上げるよりも細部は観察しやすい。またこの作品のモチーフとして描かれている船は、一九五四（昭和二九）年三月一日にマーシャル諸島ビキニ環礁で行われたアメリカの水爆実験で被曝した、静岡県焼津港所属の遠洋マグロ延縄漁船である第五福竜丸である。このことは、昭和生まれの人たちにはわかる。しかし現在の子どもたちが鑑賞するときに知識がないと、まるでわからないだろう。もちろん自由に意見を言い合う対話型鑑賞では、大いに空想を広げることが対話的な学びになるのだが、そこに留まることでは深い学びと言えない。小学校の総合的な学習の時間でもモチーフの背景や時代状況へと進みたい。第五福竜丸は、都立第五福竜丸展示館のウェブページで概要を知ることができる。

こうした検索は、子どもたちの自由な学びが基本となるが、ついつい調べ学習の課題から離れる場面も多い。例えば、次のようなワークシートを渡しておいて、必ずメモをするという作業課題を提示しておくとよい（図表４）。

次に、こうして収集した情報から関心のあるテーマの掘り下げを行っていく。画面上での学習や画面を見ながらの話し合いだけではなく、調べ学習の成果を文化祭などで保護者や地域住民に公開することも大切である。こうしたプロセスでは、著作権法を教師が深く理解し

図表４　情報検索のワークシート

検索メモ

＿＿年＿＿組　氏名＿＿＿＿＿＿＿＿＿＿

本日検索して活用できると思ったウェブページをメモして、班で話し合った「注目した点」を記してください。

タイトル	アドレス	発信者	注目した点

て、子どもたちの学習段階に応じて著作権法の知識やそれを遵守する態度を、情報化社会に生きる力として養う必要がある。

まず、学校の教室内で、教師や児童・生徒が図書やインターネットの情報を自由に使って学べる根拠は、著作権法第三十五条（学校その他の教育機関における複製等）の第一項の規定にある。例えば第三者の著作物をプリントアウトしたり、コピーして使うことが、**複製**に該当する。一般には複製は個人の利用という制約下で実施するが、学校の教室のなかでは、「著作権者の利益を不当に害する」ことがない範囲で、全文を複製して使用できる。

著作権法（昭和四十五年五月六日法律第四十八号）

第三十五条

（学校その他の教育機関における複製等）

第三十五条　学校その他の教育機関（営利を目的として設置されているものを除く。）において教育を担任する者及び授業を受ける者は、その授業の過程における利用に供することを目的とする場合には、その必要と認められる限度において、公表された著作物を複製し、若しくは公衆送信（自動公衆送信の場合にあつては、送信可能化を含む。以下この条において同じ。）を行い、又は公表された著作物であつて公衆送信されるものを受信装置を用いて公に伝達することができる。ただし、当該著作物の種類及び用途並びに当該複製の部数及び当該複製、公衆送信又は伝達の態様に照らし著作権者の利益を不当に害することとなる場合は、この限りでない。

2　前項の規定により公衆送信を行う場合には、同項の教育機関を設置する者は、相当な額の補償金を著作権者に支払わなければならない。

3　前項の規定は、公表された著作物について、第一項の教育機関における授業の過程において、当該授業を直接受ける者に対して当該著作物をその原作品若しくは複製物を提供し、若しくは提示して利用する場合又は当該著作物を第三十八条第一項の規定により上演し、演奏し、上映し、若しくは口述して利用する場合において、当該授業が行われる場所以外の場所において当該授業を同時に受ける者に対して公衆送信を行うときには、適用しない。

ここで引用した条項は、「著作権法の一部を改正する法律」（平成三十年五月二十五日法律第三十号）によりＩＣＴを活用した教育のために改正された箇所である。従来の学校での複製は、教室での活用や、同時にテレビ会議型でつなげられた教室での活用に限定されていたが、この改正により第三十五条が大幅に改正されて、「同時」でなくても教室外での活用が可能となり、学校で複製されたデータを家庭のパソコンやスマートフォンで閲覧して予習や復習が可能となった。つまりインターネットを活用した**メディア授業**などが広範に保護されたのである。なおこの改正を実施するためには、学校が第二項に定める**補償金**を権利者に支払うシステムが必要となるため、現在はその実施過程にある。この教室外でのメディア活用が公式に実施されるのは、この改正法の公布の日（平成三十年五月二十五日）から起算して三年を超えない範囲内で政令で定めることになっているが、本書が刊行された時点ではまだ複製は教室内でしか実施できないので注意してほしい。なお、これに連動して**学校教育法**（昭和二十二年三月三十一日法律第二十六号）が改正されて（平成三十年六月一日法律第三十九号）、従来は印刷された教科書のデジタル版だったデジタル教科書を、公式に位置づけて、著作権法の権利制限規定が整備された。こちらは二〇一九（平成三一）

年四月一日から施行される。

さて、これらの改正を経ても、複製はあくまでも教室内外の教師と子どもたちの教育のためであるということを確認しておいてほしい。学習成果を印刷して公開したり、学芸会や文化祭でポスターセッション形式で掲示して発表する場合は、社会一般で適用される著作権のルールが適用される。第三者の著作物を活用するときは、本人の許可を得た場合以外は、**引用**のルールを踏まえないといけない。次に示すのが著作権法の引用の規定である。

（引用）

第三十二条　公表された著作物は、引用して利用することができる。この場合において、その引用は、公正な慣行に合致するものであり、かつ、報道、批評、研究その他の引用の目的上正当な範囲内で行なわれるものでなければならない。

2　国若しくは地方公共団体の機関、独立行政法人又は地方独立行政法人が一般に周知させることを目的として作成し、その著作の名義の下に公表する広報資料、調査統計資料、報告書その他これらに類する著作物は、説明の材料として新聞紙、雑誌その他の刊行物に転載することができる。ただし、これを禁止する旨の表示がある場合は、この限りでない。

第二項に定めるように、国や地方自治体が発表する資料類は広く複製ができるのだが、多くの著作物は、第一項の定める「公正な慣行」に基づいて「正当な範囲」でのみ引用できる。総合的な学習の時間で子どもたちが作る報告書も、保護者や地域住民に公開するための掲示物も、このルールに依拠する必要がある。実際の社会では、この慣行や範囲をめぐって、多くの裁判が行われている。現在の裁判の判例や著作権にかかわる団体等で言われることは、引用にあたっては、必ず情報の出所である**出典**として著作権者などの情報が明示されなくてはいけないということと、引用されたものが主たるものになるのではなく、引用されたものについての批評や研究が記されて**従たるもの**でなければならないことである。例えば図表1では、「明日の神話」そのものを掲載した場合は作品が主たるものとなる。一方、出版の世界で印刷物の表紙を掲載してもよいという慣行が広く認められている。このルールに基づいて作品の一部を含む表紙を掲載し、かつその書誌情報と呼ばれる出典を明示して、その批評や研究を主たるものとして記述しているのである。

さて、引用にあたっての出典の明示が、最もルールとして明確なのは、学術刊行物の世界である。インターネットで収集した情報は、ウェブページのアドレスを明記して、かつ閲覧した年月日をも掲載することになっている。

著者名「タイトル」ウェブページ名称、アドレス（○○○○年○月○日閲覧）。

念のため言うと、こうした記載の順序や形式は、学術雑誌ごとに定められている。ここで示した形式であれば、高等学校の総合的な探究の時間で印刷公開やウェブ公開する報告書形式のレポートでも通用する。この「閲覧年月日」を引用に記述するのは、ウェブページ引用特有のルールである。通常の印刷物は発行年月日で情報が確定するが、ウェブページは日々更新される可能性があるので、引用するために閲覧した年月日を入れておかないと一年後は存在しない場合もあるからである。また、アドレスが長い場合は、主たるアドレス（次の例では www.asunoshinwa.or.jp）のみを入れることもある。

○○高等学校二年一組第三班では、岡村太郎の「明日の神話」の各部分に描かれたモチーフの背景について、最初に受ける印象と当初のモチーフとの関係を検討した。各部分の確定には、明日の神話保全継承機構のウェブページ（＊1）を活用した。ここで示した各モチーフの画像は、このウェブページからの引用である。

＊1　明日の神話保全継承機構「「明日の神話」について」http://www.asunoshinwa.or.jp/asunoshinwa.html（二〇一九年二月一五日閲覧）。

小学校や中学校でも報告書や掲示物を作ることもあるので、少なくとも「誰が作ったどういうウェブページか」は明示するのだということは指導したい。次のような記述である。

わたしたち五年二組は、岡村太郎の「明日の神話」を渋谷駅で見学しました。そこでは背の高い部分は見えないので、明日の神話保全継承機構が公開しているウェブページを活用しました。この報告書で引用しているのは、その一部分です。

さて、ここまで引用のルールについて説明したが、教師としては、報告書や文化祭の発表にあたって、多く引用したウェブサイトの連絡先が明示されている場合、そこに感謝を伝えておくことがマナーであろう。著作権法という法律は、著作権者の権利保護のために制定され、それが実際の社会で活用されるための権利制限に広がり、とりわけ将来の著作権者や著作権利用者になる学習者のための保護までを定めているのである。法律の規定を実際の社会のなかで生きる力として身につけるという視点で取り組むことが重要である。

第三節　学校図書館の活用

情報の活用の常道は古代から、図書である。小学校低学年の児童の調べ学習でも、児童用の百科事典や辞書などのレファレンス・ツールを使いこなし、さらに課題と関係する一冊を手にするという知的経験を提供したい。

一九九八（平成一〇）年に総合的な学習の時間が登場したとき、何を使ってどう学ぶかが行きわたらず学習の機会が十分に活用されないということが起きた。これを受けて二〇〇三（平成一五）年に学習指導要領の一部改正が行われたときに、強調されたのが学校図書館の活用である。

小学校学習指導要領（平成十年十二月十四日文部省告示第百七十五号）（平成十五年十二月二十六日文部科学省告示第百七十三号により一部改正）

（4）学校図書館の活用、他の学校との連携、公民館、図書館、博物館等の社会教育施設や社会教育関係団体等の各種団体との連携、地域の教材や学習環境の積極的な活用などについて工夫すること。

学校図書館とは、学校図書館法（昭和二十八年八月八日法律第百八十五号）によって、学校に必ず設置しなければならないと定められており、実際には「図書室」「学級文庫」などの名称になることもある。また最近では、学校の建物に公立図書館を併設して、大人も子どもも活用する事例も広がっている。

総合的な学習の時間で学校図書館を活用するにあたって必須の注意点は、教師が事前に必要なレファレンス・

ツールや活用できる図書などがあるかを確認しておくことである。学年全体で取り組むときに「学校図書館に行きましょう」と呼びかけると、混雑して入れない。利用時間の計画もしておくべきである。連携する公立図書館がある場合には、図書館司書に事前に相談しておくことも重要である。図表5に示したようなワークシートを作成して、「ただ読んだだけ」としないことも大切である。

小学校児童であれば、このメモは「書いた人」「出版社」「役に立つ内容」だけにするとよい。一方、高等学校の総合的な探究の時間であれば、書籍を情報として活用するには、書誌情報が大切だという意識を持たせて、かつ、効率的に調べ学習が進むように詳しいほうがよいだろう。

こうして集めた情報を整理して、まずはクラスや班で話し合ったうえで、公開できる報告書を作ったり、発表したりすることになる。ここでも、**引用**のルールを学ぶことになる。

まず一般的な文献の、学術レベルの示し方を教師が理解しておく必要がある。高等学校の総合的な探究の時間においては、総合的な学習の時間が設定される以前から、大学の卒業論文をイメージした「卒業論文」に挑んだ高等学校が、東京大学教育学部附属中学校・高等学校

図表5　図書活用のワークシート

参考にした図書

＿＿年＿＿組　氏名＿＿＿＿＿＿＿＿＿＿＿＿

調査に利用した図書をメモしましょう。刊行年などは「奥付」で確認します。

著者	書名	出版社	刊行年	閲覧したページ	メモ

（現在の中等教育学校）をはじめとして存在した。現在ではこうした取り組みが、各地の高等学校にも広がっている。

・図書（単著の場合）
　著者名『図書名』出版社名、刊行年、頁〜頁。
・図書（共著の一部の場合）
　著者名「章名」編者名『図書名』出版社名、刊行年、頁〜頁。
・雑誌記事・学術論文
　著者名「論文名」編者名『雑誌名』出版社名、巻号数、刊行年月。
・新聞記事
　著者名「記事名」『新聞名』（地方版等の区分）面数、年月日（朝刊・夕刊）。

基本は著者名と図書名であるが、書誌としては、出版社名と刊行年が重要である。図書であれば年、月刊誌なら年月、週刊誌なら年月日、新聞なら年月日と朝刊・夕刊の区別が必須である。百科事典なら「第五巻」、再刊された書籍なら初版の「二〇〇二年」だけでよいが、変化があるなら「二〇〇二年初版（二〇〇五年第三版）」と入れる。図書の場合は、引用したページを明記する。一方で雑誌記事や学術論文はページ数を入れない。ただし新聞は面数を入れたい。大抵の新聞は、同じ年月日に「第四版」「多摩版」という複数の版があって、地方記事などはこれを明示しないとわからなくなる。だから、地方版の区分や面数、朝刊か夕刊かも記載したい。

その他省略が可能な場合は、「『朝日新聞』朝日新聞社」と書かずに、『朝日新聞』だけでよい。

次に図書の引用例を示そう。通説や常識であること、具体的には、岡本太郎は前衛芸術家だという情報は、どんな百科事典にも載っているので、出典は明示しなくてよい。しかし、独自の内容は、必ず出典を明示して引用する必要がある。

高島直之は、岡本太郎を戦後日本の前衛芸術を代表する一人と捉えて、その特徴を「対極主義」と呼んで、「妥協折衷することなく矛盾の深みに立ち会い絶望し、その引き裂かれた緊張のなかに前進していく新しい精神のあり方への目覚めこそが対極主義である」と述べている。*1

＊1　高島直之『芸術の不可能性―瀧口修造 中井正一 岡本太郎 針生一郎 中平卓馬』武蔵野美術大学出版局、二〇一七年、八〇頁。

直接の引用文は「かぎ括弧」で示す。長文で要約した場合は「かぎ括弧」はつけないが、どこからどこまでが引用なのかを明示する。これが曖昧だと、無断引用、剽窃（ひょうせつ）となる。注は、各ページごとに入れるか、章末や巻末に入れる。

なお、高等学校での引用の例は前記の一般的な引用方法がよい。理科系や社会学では、次に示すような「人名（発表年）」という引用方法がある。

高島直之（二〇一七）は、岡本太郎を戦後日本の前衛芸術を代表する一人と捉えて、その特徴を「対極主義」と呼んで、「妥協折衷することなく矛盾の深みに立ち会い絶望し、その引き裂かれた緊張のなかに前進していく新しい精神のあり方への目覚めこそが対極主義である」と述べている。

（注）高島直之、二〇一七、『芸術の不可能性─瀧口修造 中井正一 岡本太郎 針生一郎 中平卓馬』武蔵野美術大学出版局。

次に雑誌記事の例である。大学や博物館の紀要等は、タイトルで発行者がわかるので、発行者は省略してよい。雑誌は原則として月までを入れる。

岡本太郎の描く人物が埴輪のようだという意見があったが、こうした影響はすでに美術研究者が注目している。縄文土器との関係を述べた論文も確認することができた。[*1]

＊1　鈴木希帆「岡本太郎の縄文土器論─発見の場としての博物館」『武蔵野美術大学研究紀要』第四六号、二〇一五年三月。

次に新聞記事の例である。この例は珍しく記者の署名があるが、通常の新聞記事には署名がないことが多い。「神奈川版」や「第十版」など新聞の地方版の呼称は多様なので、原紙の上部や紙面タイトルから採ることになる。

川崎市の岡本太郎美術館には、現在も来館者が多く、二〇一八年には一五〇万人を突破したと報道されている。[*1]

＊1　安藤仙一朗「岡本太郎美術館の来館者、一五〇万人突破」『朝日新聞』（神奈川版）二二面、二〇一八年一一月二五日朝刊。

こうした一般的な引用ルールは、高等学校または中学校卒業までに少なくとも知識として知っておきたい。実際には大学教育の課題だと考えられているが、小学校や中学校でも、引用は出典がないとダメなのだということは指導しておく必要がある。例えば、小学校の掲示物でも次のようなことまでは明示するべきだろう。

川崎市の岡本太郎美術館の入館者は二〇一八年に一五〇万人を突破しました。去年の『朝日新聞』一一月二五日に書いてあります。

ここまでは、調べ学習の基本と、その情報の活用という課題を述べた。調べ学習は、調べるという知的好奇心だけではなく、ＩＣＴの活用が日常化した時代のなかで、生きる力を総合的に育むためのプロセスである。学校教育における著作権教育は、高等学校情報科において重視して取り組まれているが、小学校のころから総合的な学習の時間を通じて身につけていくことが肝要であろう。これは子どもたちの発達段階、学習段階に応じての指導であるが、教師はその授業準備として徹底して行って、子どもたちの主体的な学びの前提にしてほしい。

第6章　調べ学習の技法：聞き取り

高橋陽一

「お話を聞く」という態度の形成は、祖父母や両親による家庭教育から始まり、多様なメディアからの情報摂取や、幼稚園教育・小学校教育で広がる「読み聞かせ」の活動をはじめ、広がりを示している。耳を傾け、何か心に得るものがあるからだ。この経験を踏まえて、次は自分自身がアクセスしよう、何かをつかみ取ろうという主体的な姿勢へと進んでいき、「お話をしてください」という聞き取りの手法へと近づいていく。

第一節　聞き取りで獲得する資質・能力

ここで**聞き取り**という学びの意義を考えてみよう。聞き取りは、インタビューやヒアリングなどの言い方があるが、ここでは聞き取りという言葉でまとめておく。

アクティブ・ラーニングつまり**主体的・対話的で深い学び**という定義から、三つに区分して聞き取りを考える。まず、**主体的な学び**という点では、ただ話を受動的に聞くのではなく、自ら聞きたいことを考えて、そして相手に話してもらうという、それなりにハードルの高いものである。ハードルが高いと言っても、教師の応援があれば、「家族に聞いてみよう」とか、「ゲストの◯◯さんにうかがう三つの質問を考えよう」という課題は小学校低学年でも可能である。

対話的な学びという点で、聞き取りはズバリそのものである。対話的な学びというものは、対話で学ぶという側面と、対話を学ぶという側面がある。わかりやすく言うと、話して聞く、聞いて話すという対話のコミュニケーションのプロセスを通じて、他の表現やコミュニケーションでは得られないものを学ぶという側面が一つである。そして、本章で強調したいことなのだが、対話というものの知識や技術、さらに思考して判断して表現するというプロセスまでを学びたいのだ。

そして**深い学び**というのは、掛け値なしである。自分自身にとっての深みという点では、教科書や資料調査では得られない自分だけの体験となる。人の話を聞く仕事―営業職、企画職、研究職など―をした人なら、課題を掲げての対話はその対話に留まらない相手の人生そのものの深みに触れるものだという体験をしているだろう。そして広く文化や学問に寄与するという深さも考えてほしい。例えば「商店街の店主三〇人に来年の課題を聞きました」という調査を中学生がしたならば、たとえ五分で聞き取った内容でも、その地域の産業をリアルに反映したものになる。ヒアリング結果を分析してみると、地域の課題や経済動向を示した地域住民が知りたいニュースになるだろう。その結果は翌年には比較対照の資料となる。五〇年すれば地域経済史を研究する貴重な歴史史料になるはずである。正確な聞き取りとその記録の表現というものは、相手やその地域に貢献するものだという経験ができるだろう。

子どもたちが総合的な学習の時間を通じて獲得するべき**資質・能力の三つの柱**に即して整理しよう。**知識及び技能**という点では、各教科で培われた基本的な知識が必要である。そして、各教科だけでは培われにくい、実際の聞き取りの知識や技術の基本を教師から提供したい。**思考力・判断力・表現力等**という点では、聞き取りたい課題を考え、聞き取り結果を文章にして間違いや参考資料を照合し、相手の確認をもらって文章として仕上げることは、応用的で高度な能力を培うことになる。また、各教科で強調される**言語活動**を通じて、大切な**言語能力**を確認して獲得するものになる。**学びに向かう力・人間性等**という点では、課題を聞き取ろうと意欲を持つところからスタートして、相手の状況を考えてお願いをして聞き取りの協力者を得て、その成果を分かち合うという人間社会の文化的な営みを経験することになる。課題に応じて、地域社会や文化・経済など様々な教養を培っていくことが実際の社会に貢献する人間性を高めることになるだろう。

第二節　聞き取りの準備

場違いであるが、「知彼知己者、百戦不殆」（彼を知り、己を知らば、百戦あやうからず）という『孫子』謀攻篇の言葉がある。ことわざでは「敵を知り」と置き換えるから剣呑だが、ともかく、相手を調べ尽くし、自分自身をも熟知していることが、成功の前提だということである。これこそが、聞き取りの、鉄則である。

まず、相手を知ること。相手について知っている情報から、さらに推測や推定も含めて考えて、これを自分の知識として整理することである。例えば学級で「郷土の伝統工芸を伝えている方は、このクラスの○○ちゃんのおばあさんで、先月に満八〇歳の誕生会をお祝いしたんだよ。」という話題が出たとする。この情報だけでも、図表1のようなプロフィールを推測できる。名探偵でなくても、八〇年前の先月に生まれたのだろうとわかるし、この市で生まれ育ったというなら、当時は○町と呼ばれたはずだが、戦後のあの小学校と、本中学校卒業の大先輩のはずだとわかるわけである。明治・大正期は生年月日と学年がずれている人が多いし、現在でも高等教育は浪人や留年があるが、昭和期であれば多くは学齢や修業年限どおりのケースが普通である。それに、クラスメイトの○○さんの祖母なのだから、家族関係まで見えてしまう。

念のために言うが、こうした調査に指導要録などの学校文書の個人情報を活用することは、勧められない。調査のためにクラスで課題を話し合ったり、家族の協力を得られる子どもや保護者から提供された情報から、総合的な学習の時間の課題をオープンに進めていくべきである。

図表1　◯◯さんのプロフィール（事前調査）

年　月　日	年齢	◯◯　◯◯さんの経歴（不明は？印）	社会の動き
1940（昭和15）年6月？日	0	この市（当時は◯◯町）に生まれる	
1945（昭和20）年8月15日	5		終戦
1947（昭和22）年4月1日	6	新制◯◯町立第一小学校に入学（校区から推定）	学校教育法施行
1953（昭和28）年4月1日	12	新制◯◯町立◯◯中学校に入学（当時の中学校の校区から推定）	
1956（昭和31）年3月31日	15	◯◯中学校卒業？	
2006（平成18）年5月1日	65	次男の長女、孫の◯◯さん生まれる	
2020年6月？日	80	満80歳の誕生会	

図表2　教師による聞き取りの準備資料

◯◯中学校　2020年度総合的な学習の時間　第3学年　1学期　3時間

聞き取りの課題	◯◯さんに伝統工芸について聞き取る	
資質・能力	前提となる学習状況	活用できる教材や施設など
知識・技能	（国語）話し言葉を原稿用紙の文章に書き直す課題を2学年で行った。	原稿用紙、学習国語事典。
	（社会）小学校で地域文化については学んでいる。中学校の教育委員会刊行副読本『郷土のあゆみ』第4章「伝統工芸」は2学年で学習。	『郷土のあゆみ』は全員が持っている。巻末の年表も活用できる。
	（美術）鑑賞の課題として、県内の工芸品の実物を見た。今回の伝統工芸品も対象としている。	教科書第4章に各地の伝統工芸品を掲載。
思考力・判断力・表現力等	（総合）聞き取りは、1学年で「商店街の人々に地域の課題を聞く」で実施。	2年前の成果物（壁新聞形式）は実物は破棄したが、写真は保存。
学びに向かう力・人間性等	（道徳）視点C「伝統と文化の尊重、国や郷土を愛する態度」のほか、視点B「感謝」「礼儀」に関連。	「元気に挨拶をする」は本年の課題として実施。教科書の該当章を聞き取り実施前に学ぶ予定。

つづいて、己を知ることである。そもそも、聞き取り調査の対象者に何を聞きたいのかを明確にする。自分が知っていることが何で、知りたいことが何かを考えよう。例えば地域の伝統工芸の継承者に聞き取りたいというなら、何を聞きたいのか。そもそも聞く前にわかっている情報は何なのか。ならば何を新たに発見できるのか。

図表2は、教師が事前準備したい整理であるが、「活用できる教材や施設など」は、子どもたちが自ら確認して準備するように促したい。教師が準備を指導する前に、「このことについて何を知っていますか」という問いを発して、子どもたちが話し合う時間を設定したい。

次に、聞き取り対象者への依頼である。小学校や中学校であれば、早い段階で教師が対象者に相談をして、可能な限りきちんと文書で依頼するのがよい。「商店街の店主三〇人に来年の課題を聞きました」という聞き取りなら、校長から商店会長に依頼することになろう。「〇〇さんに伝統工芸について聞き取る」であれば、〇〇さんの家族や関連する団体等にも話をすることが必要かもしれない。こうした事前の準備を学校として行うことが、地域と学校の良好な関係をつくることになる。口頭での説明のほか、文書での依頼もしたい（図表3）。

話のポイントとしては、依頼段階で、「いつ、だれが、どこで、なにを、どのように、どうするか」などを明確にして、未定の部分や今後のプロセスを明確にすることである。連絡手法も明示しておきたい。

また、聞き取りにあたって、どんな機器を使うか、録音と撮影の両方にわたって確認する（図表4）。この使用機材は、必ず事前に聞き取り協力者に説明しておく必要がある。やむなく、その場で確認するのであれば「拒否されたらどうしよう」と考える必要がある。ちなみに、写真撮影や録音が拒否されるのは、よくあることである。

聞き取りは、**個人情報**の保護と連動するので、写真も音声記録も本人の許可が必要である。また発表する前に、訂正の機会が必須となる。最近トラブルが多いのは、スマートフォンである。これは録音や撮影の機能があって

図表３　学校から事前に送る依頼状

年　月　日

○○　○○　様

○○市立○○中学校
第３学年主任　○○　○○
［学校住所］
［学校電話］

「伝統工芸について聞き取る」学習活動へのご協力のお願い

先日は突然のお電話にもかかわらずご令息○○様にご相談がかないまして、心より御礼申し上げます。その後は、いかがお過ごしでしょうか。

その折に申し上げたとおり、本校第３学年では「総合的な学習の時間」において「伝統工芸について聞き取る」という課題に取り組んでおり、３年２組（担任教諭○○○○）の35名は○○様が伝承する工芸についてお話をいただきたく考えております。訪問については、代表の４名が伺うことを考えています。また、ご足労ではありますが、学校にお越し頂いて３学年の生徒96名に30分ほどの交流を兼ねたお話の会を、もちたいと考えております。

訪問してお話を伺う項目は、子どもたちが自ら考えて、事前に簡単なお手紙にしてお伝えしたいと思っています。あらためて○月頃にお届けする予定です。

聞き取りにあたりましては、作品や制作過程を写真撮影したり、お話をICレコーダーで録音することを希望します。記録した写真や内容は、事前にご確認をお願いして、９月に実施する文化祭で発表したいと思います。

ご不明の点などは、学校まで私宛にお電話など頂戴いただければ幸いです。子どもたちにとっては郷土の学習として大切な機会になると考えています。御多忙の折とは存じますが、なにとぞよろしくお願い申し上げます。

図表４　聞き取り調査のツール

○○中学校　2020年度総合的な学習の時間　第３学年　１学期　３時間

物品名	主な機能	協力者との関係
調査シート	複数準備して、聞き取り協力者に渡して、そのまま書き込んでいく。（図表5）	協力者に同じものを渡すので、抵抗感がない。
筆記具	ノートは事前に準備する。その場でノートするには、堅い表紙か画板があるとよい。ICレコーダーで録音するときも要所や時間はノートする。	「人の話をメモするのは、必要で真面目なこと」という常識があるので、協力者の抵抗感が小さい。
ノートパソコン	その場でノートと同様に記録する。マスコミ、企業の会議、調査研究の世界では一般的であるが、キーボード操作の習熟が必要。	協力者が違和感を示す場合がある。タイピング音に抵抗がある。
ICレコーダー	あとで再生ができる。不具合を考えて２台用意する必要がある。	事前に許可を求めておかないとその場で拒否されることが多い。
スマートフォン	撮影及び録音の機能がある。	転送や情報流出など、危機感をあおる。不真面目な印象を与える。
デジタルカメラ	撮影したデータのプリントや加工が容易。	写真撮影は拒否されることも多い。
ビデオカメラ	撮影と録音ができる。パソコン操作に慣れていれば編集もできる。	協力者にかなり抵抗感がある。実際の活用には編集が必要。

便利なのだが、聞き取り協力者の側は、このままSNSにアップされるのではないか、情報が流出しないかと不安にかられる。

聞き取りシートは、次の図表5を参考にしてほしい。これは、教師がひな形だけ示して、子どもたち自身が相談して工夫する。協力者に渡す前には、教師がチェックするべきである。

次の節で述べるが、教師は聞き取りにあたって、ルールやマナーを子どもたちに指導しておく必要がある。とくに訪問調査では**礼儀**が大切になる。小学生でも高校生でも、聞き取り協力者は、協力してあげようという善意で対応している。この善意に善意で応える姿勢は、身体表現や言語表現としての礼儀で表現される。

図表5　生徒からの依頼状（聞き取りシート）

年　月　日

○○　○○　様

○○市立○○中学校
第3学年2組　聞き取りメンバー
班長　○○　○○
ノート係　○○　○○
録音係　○○　○○
撮影係　○○　○○
［学校住所］

「伝統工芸について聞き取る」の質問項目

本日は、お時間をいただき、ありがとうございます。次の質問を伺って聞き取り、また工芸作品の撮影をしたいと思います。文化祭で発表する聞き取り記録と写真は、○月○日に郵便でお届けしたいと思っています。本日はよろしくお願いします。

1　私たちの中学校の先輩とうかがいました。そのころの学校や地域はどうでしたか。そのころから工芸に関心があったのですか。

2　工芸制作をどのようにして学んだのですか。作り始めてから今までのことを教えてください。

3　今後はどんなことをなさりたいですか。この工芸を、受け継ぐ人はどんな方ですか。

第三節　聞き取りの実施

聞き取りは、真剣勝負である。話は常に脱線するし、貴重な話でも言葉がわからなかったり、意味が不明だったりする。聞き取る側は、そのことを常に考えて、準備して、現場で臨機応変に対応できないといけない。

前節の聞き取りシートを作る段階で、聞き取りにあたるメンバーで分担を考えておきたい。全体の進行を行う班長や質問係が「本日は貴重な機会を与えていただき、ありがとうございます。これから一時間お話をうかがいます」と言う。この挨拶に合わせて全員が「よろしくお願いします」と唱和する。ノート係、タイムキーパーや時間管理係は、ノートに時刻と主な内容を「一五時二〇分　班長挨拶、聞き取りシートを渡す」などと書いておく。班長が「それではお願いしたＩＣレコーダーのスイッチを押します」と述べたうえで、録音係・記録係がスイッチを押す。撮影係が「聞き取りの様子を撮影します」と声をかけてシャッターを押す。

ここからが本題。班長が「ではシートの1の質問ですが、私たちの中学校に入学されたのは何年ですか」と聞いていく。このとき図表1で作成した年表形式のものがあると、想起するツールになる。ただし、事前に作成したままだと「?」や「推定」などとあって失礼である。最低限の年月だけ書いて「昭和二八年四月：本中学校にご入学ですか」などとし、その他は記入していけるように空欄を設けておくとよい。

話が始まると、「キューセーの中学校のことは七つ上の兄から聞いていたのですが、キューセーのことを聞いていたから、はれがましい思いの入学でした」などと、知らない言葉が出てくる。班長や質問係は、「キューセー」って何ですかと聞いていく。ノートを差し出して、「旧制」という漢字がわかればよい。ここで中学校令（正確にはこの時期ならば中等学校令）に基づく旧制の中学校とは何かという話になると、兄の思い出まで出てきて横道にそれる。場合によっては、不明の語句はあとで聞いてもよい。

時間が一時間なら、三つの質問は、それぞれ二〇分でよいかなど、タイムキーパーは事前に考えておくべきである。班長や質問係は白熱すると時間を忘れやすい。延びてもよい感じか、相手の都合や体力で時間延長が困難かどうか、メンバーが把握したい。

このように進んでいくのだから、やはり小学校でも中学校でも、教師が同席しておきたくもなる。ただ、子どもたちだけのほうが、聞き取り協力者が大人としての配慮を率先してくれて、うまくいくことも多い。教師はどこまで出ていくかも考えておこう。

さて、ここで、辛口のお話をしておきたい。聞き取り調査の最大の危険性は、善意のウソである。過去の記憶は薄れていくし、その記憶はその後の経験により上書きされていく。経験だけではなく、その後の価値観によって変更されていく。伝統工芸について語ろうとする段階で協力者は、それを普及し、伝承しようという善意がある。この立場からは、否定的な評価や限界はあまり語られない。それでなくても、遠慮や配慮があるのが、日常のコミュニケーションであり、礼儀である。とくに聞き手が「○○は大切だと思うのですが、どうですか」と価値観に基づく質問をすると、肯定的な回答がやってくるだろう。質問項目や提示資料が、誘導にならないようにしておくことも大切である。このあたりは、高等学校の総合的な探究の時間で客観的な事実確認を課題とする場合には、とくに気をつけたい。

聞き取りが終わったら、きちんとお礼を述べること。そして、その後の記録の確認などに時間がかかる場合は、すぐにお礼状をはがきでよいので、感謝を込めて子どもたちから送りたい。

第四節　聞き取りの活用

聞き取りが終わった段階で、まず、どんな記録があるかを確認したい。ノートをとったのは何人か、音声記録は二台とも稼働して記録媒体はバックアップしたか、写真記録はどうか、などなど。

そして記憶が確かなうちに、ノートや音声記録から、文章に起こす。子どもたちの国語の能力に応じて教師が指導して、次のように、「話し言葉」と「書き言葉」の違いを意識して、「まーそのー」などの合いの手を外して、必要な注釈を入れていきたい。

書き起こす段階で、聞き取り協力者の言葉か、聞き手の言葉かを区別しておく。また、記録にする段階で、敬称抜きで「○○」と入れるか、「○○さん」と入れるかなども考える。自分たちも「聞き手」だけにするか、それとも名前を入れるか、など確認しておきたい。

記録案では必要な注釈を入れたい。年月や地名など明確な間違いや不明な言葉には「?」を入れて訂正してもらえるようにする。このあたりは、子どもたちの調べ学習の範囲を超える場合は、教師から知識を提供してよいだろう（図表6）。

この記録案ができたら、点検と活用の許可のための依頼状を添えて送ろう。このとき返信用封筒をつけるのが礼儀である（図表7）。

なお、聞き取り結果を発表するときは、こうした対話式の記録だけではなく、「○月○日一五時に木村○○氏から聞き取った結果、一九四八年に本中学校に入学して、当時は図画・工作と呼ばれていた美術教育を受けて、改め

図表６　音声記録と書き起こしと記録案

（音声記録）

あー、そのころの中学校では、美術はまだ工作ってよんでたかなあ、いやあ、ともかく。

美術といっていなかったの。

↓

（書き起こし）

木村　そのころ中学校では、美術はまだ工作とよんでいたかもしれない。

渡部　美術とは言ってなかったのですね。

↓

（記録案）

木村さん　そのころ中学校では、美術はまだ工作とよんでいたかもしれない（注：一九四八年当時は図画と工作があった）。

渡部班長　美術とは言ってなかったのですね。

図表７　依頼状

年　　月　　日

木村　〇〇　様

〇〇市立〇〇中学校
第３学年２組　聞き取りメンバー
班長　渡部　〇〇
ノート係　〇〇　〇〇
録音係　〇〇　〇〇
撮影係　〇〇　〇〇
［学校住所］

「伝統工芸について聞き取る」の記録確認のお願い

先日はお時間をいただき、ありがとうございます。下記の通り記録を作成しました。この文章は９月〇日の文化祭で発表したいと思っています。冊子をつくる予定なので、印刷ができましたら贈呈します。もしも文化祭当日の午後２時から講堂で行う発表までお越し頂けたら幸いです。

返信用封筒を同封しましたので、勝手ながら〇月〇日までにご投函頂けると幸いです。

お手数をおかけしますが、よろしくお願い申し上げます。

＊＊＊＊＊＊＊＊＊＊＊＊

〇月〇日15時に木村〇〇さんのお宅で、2組の4名（渡部、〇〇、〇〇、〇〇）が訪問して、1時間ほどお話を伺いました。当日の記録を、木村さんのご確認を頂いて、ここに掲載します。
（質問1）私たちの中学校の先輩と伺いました。そのころの学校や地域はどうでしたか。そのころから工芸に関心があったのですか。
木村さん　そのころ中学校では、美術はまだ工作とよんでいたかもしれない（注：1948年当時は図画と工作があった）。
渡部班長　美術とは言ってなかったのですね。
木村さん　それで先生が、………

て家業として行っていた伝統工芸の意味を再確認したとのことである。」と本文のなかに入れる方法もある。

ここでは聞き取りという手法に注目して、その記録の表現までを説明した。口頭伝承や、体験談などはこの手法でないとアクセスがしにくいが、実際には文献などの**調べ学習**と並行して進めていくことになる。年月の照合や地名・用語など、事典などが不可欠である。児童・生徒に「それでは家族の人に聞いてきてみて」と一言で課題提示する場合も、ここで示したように、どう準備してどう活用していくかという観点で総合的な学習の時間の計画を練り上げたい。

第7章　体験学習の技法：ルールとマナー

高橋陽一

総合的な学習の時間で子どもたちが学ぶときに必要となる、ルールやマナーを述べておきたい。**ルール**は法令や学校内の規則など、必ず遵守すべきものである。次に、**マナー**とは立ち振る舞い、行動の様式として相手への敬意や思いやりなど**礼儀**を表現するものである。近代市民社会でマナーは個人の内面の表出や慣習であるから、それに反したからといって罰せられることはないが、社会には不可欠のもの、つまり学校教育を通じて身につけることと考えられる。総合的な学習の時間は、各教科で学んだことを総合して、これを生きる力として身につけて活かしていくものだから、体験学習のなかで身につけるべき大切な課題になる。

本書は『総合学習とアート』というが、アートという言葉は多義的で、芸術や学術技芸と置き換えるのが一般的である。英語 art では技術という意味が残っており、ラテン語 ars には立ち振る舞いの意味まである。アートを表現と捉えると、相手に敬意を示す立ち振る舞いも、思いやるお手紙も、すべてがアートなのである。

第一節　道徳教育としての総合的な学習の時間

まず、子どもたちが何かを実地で自ら経験して学習していく、**体験学習**というものを確認しておきたい。体験学習は、実際に体験するのだから、理科の実験、体育の実技、美術の表現や鑑賞なども本来は含まれるが、学校外の社会との連携が強調される部分が学校教育法では二〇〇一（平成一三）年にあらたに小学校の規定に加えられて中学校・高等学校などでも準用され、現在に至る。

学校教育法（昭和二十二年三月三十一日法律第二十六号）

第三十一条　小学校においては、前条第一項の規定による目標の達成に資するよう、教育指導を行うに当たり、児童の体験的な学習活動、特にボランティア活動など社会奉仕体験活動、自然体験活動その他の体験活動の充実に努めるものとする。この場合において、社会教育関係団体その他の関係団体及び関係機関との連携に十分配慮しなければならない。

このように子どもたちの自発的な（ボランタリーな）活動である**ボランティア活動**、任意のボランティア活動とともに学校のルールなどで必須になる活動も含めて社会に貢献する**社会奉仕体験活動**、貢献の対象が自然保護だったり自然と親しむことが目的だったりする**自然体験活動**と並べて、多様な体験活動が列記されて、「体験的な学習活動」としての体験学習が強調されているのである。

この体験学習は、実際の社会や自然に関する活動であり、また社会奉仕体験活動や自然保護活動のように、知識や技術を学ぶだけではなく、道徳を体験学習する場でもある。

ここで確認しておきたいのが**道徳教育**である。道徳教育は、小学校では二〇一八（平成三〇）年度から、中学校では二〇一九（平成三一）年度から**特別の教科である道徳**として週一時間を使って教科書を用いて行うものとなる。通信簿（学校文書では指導要録）に評価が規定される教科としての性格があるが、その評価を数値や段階の評定では示さない点で総合的な学習の時間と似ていて、特別の教科といわれる。この特別の教科である道徳が学校での道徳教育の要であるが、学校のなかでは、各教科や特別活動も含めて**学校の教育活動全体を通じて行う道徳教育**として取り組まれる。このため、教科担任の教師は、学習指導要領の各教科編のなかの道徳に関する規定（美術であれば情操というキーワードがある）とともに、学習指導要領の総則編の規定を確認する。総合的な学習の時間も同様である。総合的な学習の時間では、特別の教科である道徳で規定された**四つの視点**や、**内容項目**を確認して位置づけていく必要がある。四つの視点とは、「A 主として自分自身に関すること」「B 主として人との関わりに関すること」「C 主として集団や社会との関わりに関すること」「D 主として生命や自然、崇高なものとの関わりに関すること」である。また内容項目は、小学校第一～二学年、小学校第三～四学年、小学校第五～六学年、中学校という四つの学年段階になっている。小学校一～二年では「(10) 約束やきまりを守り、みんなが使う物を大切にすること」と発達段階に応じて簡単に書かれている内容項目が、中学校では「(10) 法やきまりの意義を理解し、それらを進んで守るとともに、そのよりよい在り方について考え、自他の権利を大切にし、義務を果たして、規律ある安定した社会の実現に努めること。」と抽象的な権利義務概念や法令遵守義務などを含んでいくことになる。内容項目は四つの学年段階ごとにあるが、これを九年間を通じて四つの視点で見るために、「規則の尊重」「遵法精神・公徳心」など**内容を端的に表す言葉**を見出しにしている。このキーワードと呼ばれることの多いこの内容を端的に表す言葉を総合的な学習の時間の年間指導計画や単元指導案・学習指導案を作るときに意識しておく必要がある。本章で技法を説明する内容は、この「規則の尊重」「遵法精神・公徳心」などに該当する。

特別の教科である道徳は、教科書の使用義務もあるので、どうしても読み物教材の読解と討議に傾く意向がある。もちろん「考え、話し合う道徳」というアクティブ・ラーニングが目指されているのだが、教室内の活動という限界がある。このなかで、学校の教育活動全体を通じて行う道徳教育として総合的な学習の時間が、体験学習としての道徳教育の焦点となると考えてよい。

子どもたちが総合的な学習の時間における体験学習のなかで獲得するルールやマナーは、**資質・能力の三つの柱**に即して整理できる。**知識及び技能**という点では、ルールやマナーの基礎・基本を知って、それを実行できるようにすることである。挨拶をする、お礼を言うところから始まり、手紙での挨拶や礼状の書き方まで身につけていく。言語活動とともに、身体活動としての要素も大きい。**思考力・判断力・表現力等**という点では、様々な現場に応じて道徳性を高めることが目指される。単に著作権法を社会科や高等学校情報科の授業で学びましたというのではなく、総合的な学習の時間を通じて実際に著作権の保護とその手続きを体験学習するのである。そして、体験学習が、**学びに向かう力・人間性等**という点が焦点となることは、わかりやすい。社会奉仕や自然保護を体験して、それが実際の社会に貢献する人間性を高めることになる。なお、道徳教育については『道徳科教育講義』を参照してほしい。

第二節　ルールとマナーの技法

人間社会は、第一印象で決まることが多い。いくら能力があっても、最初の面談で挨拶もできないと、この人といっしょにお仕事はしないほうがよいかなと思ってしまう。体験学習で出会う地域住民やゲスト講師には、子どもたちを育もうという善意があるのだが、教師の側はそれに頼って挨拶の仕方も教えないというのは、まずい。美術と福祉プログラムで社会福祉現場での介護等体験としての造形ワークショップなどに取り組む指導を武蔵野美術大学では二〇年以上もやっているが、大学生に最初に言うのは「挨拶の仕方」である。「大きな声で元気に」と大学教育で指導するのかと古き良き大学を知る人からは笑われることがあるが、それでも大切なことだと思う。聴覚能力の低下しやすい高齢者には「大きな声で元気に」は極めて重要なコミュニケーション技法である。同じことは、総合的な学習の時間にも通じる。

例えば学校近辺の商店街に子どもたちが行って、フィールド調査をするという課題がある。高等学校の総合的な探究の時間ならば社会調査の手法などを学習しておくべきだし、小中学校の総合的な学習の時間でも聞き取りの手法をトレーニングしておくべきだろう。しかしこうした知識や技能は、相手に対する最低限のマナーである挨拶ができるかどうかで成否が決まる。いくら校長が商店会長と話し合って計画を練っても、教室でのマナーのトレーニングを教師が怠ると、次の職員会議は地域からのクレームの反省会になってしまうだろう。

子どもたちの状態にもよるだろうが、図表1のようなチェックシートで、自分自身や、グループ相互に点検することも大切である。小学校であれば、教室でロールプレイ的に挨拶の仕方をトレーニングしておくのがよい。

総合的な学習の時間で必須となる法令のうち著作権法については、文献の調べ学習の表現の仕方として第5章で述べた。次に確認しておきたいのが、**個人情報保護法**である。学校には、設置者別に「行政機関の保有する個人情報の保護に関する法律」（平成十五年五月三十日法律第五十八号）、「独立行政法人等の保有する個人情報の保護に関する法律」（平成十五年五月三十日法律第五十九号）が適用されるが、内容としては私立学校

図表1　あいさつ確認シート

「商店街の店主さんに課題にしていることを聞こう」 2年　組　氏名		
項目	私はできた	全員ができた
最初にあいさつをしましたか。		
自分自身で学校名や氏名を述べましたか。		
相手があいさつをなさったら返せましたか。		
課題を説明して、お願いの言葉が言えましたか。		
お礼の言葉が言えましたか。		
帰るときのあいさつができましたか。		

や民間企業に広く適用される「個人情報の保護に関する法律」（平成十五年五月三十日法律第五十七号）の解釈で覚えておいてよい。法律のなかで「電磁的記録」とあるのは電気信号で伝えたり、記録したりするデジタルデータのことである。

個人情報の保護に関する法律（平成十五年五月三十日法律第五十七号）

（目的）

第一条　この法律は、高度情報通信社会の進展に伴い個人情報の利用が著しく拡大していることに鑑み、個人情報の適正な取扱いに関し、基本理念及び政府による基本方針の作成その他の個人情報の保護に関する施策の基本となる事項を定め、国及び地方公共団体の責務等を明らかにするとともに、個人情報を取り扱う事業者の遵守すべき義務等を定めることにより、個人情報の適正かつ効果的な活用が新たな産業の創出並びに活力ある経済社会及び豊かな国民生活の実現に資するものであることその他の個人情報の有用性に配慮しつつ、個人の権利利益を保護することを目的とする。

（定義）

第二条　この法律において「個人情報」とは、生存する個人に関する情報であって、次の各号のいずれかに該当するものをいう。

一　当該情報に含まれる氏名、生年月日その他の記述等（文書、図画若しくは電磁的記録（電磁的方式（電子的方式、磁気的方式その他人の知覚によっては認識することができない方式をいう。次項第二号において同じ。）で作られる記録をいう。第十八条第二項において同じ。）に記載され、若しくは記録され、又は音声、動作その他の方法を用いて表された一切の事項（個人識別符号を除く。）をいう。以下同じ。）により特定の個人を識別することができるもの（他の情報と容易に照合することができ、それにより特定の個人を識別することができることとなるものを含む。）

二　個人識別符号が含まれるもの

〔中略〕

3　この法律において「要配慮個人情報」とは、本人の人種、信条、社会的身分、病歴、犯罪の経歴、犯罪により害を被った事実その他本人に対する不当な差別、偏見その他の不利益が生じないようにその取扱いに特に配慮を要するものとして政令で定める記述等が含まれる個人情報をいう。

〔中略〕

7　この法律において「保有個人データ」とは、個人情報取扱事業者が、開示、内容の訂正、追加又は削除、利用の停止、消去及び第三者への提供の停止を行うことのできる権限を有する個人データであって、その存否が明らかになることにより公益その他の利益が害されるものとして政令で定めるもの又は一年以内の政令で定める期間以内に消去することとなるもの以外のものをいう。

〔以下略〕

長文であるが、学校の教員としても、また高等学校程度の生徒でも、覚えたほうがよい個人情報保護のキーワードを説明しておく。まず**個人情報**とは、個人が識別できるすべてのものだから、氏名はもちろん、住所、電話番号、顔写真なども含まれる。要配慮個人情報とは、**プライバシー**と呼ばれるもので、本人の人種、信条、社会的身分、病歴など、不当な差別、偏見などの不利益が生じるかもしれない個人情報である。個人情報保護はプライバシー保護よりも狭い概念であるが、学校で取り組む社会福祉や伝統行事の体験学習では、このプライバシーに触れる機会が随分とある。最後に学校で管理する**保有個人データ**は、その個人へのデータの開示、内容の訂正、追加または削除、利用の停止などが規定されるということである。学校教育の一環として行った聞き取り調査のデジタルデータや書き起こしの原稿も、この保有個人データである。

この個人情報の保護は、企業に勤めても、自営業を行っても、必ずかかわることになる課題で、リアルな生きる力を獲得する経験になる。手数がかかるのだということを経験することが大切である。ただし小学校の児童にはあまりに難しいので、チェックなどには教師が積極的に関与するべきである。ある程度の説明を受けた段階ならば、中学校や高等学校の生徒には図表2のようなチェックシートを渡して、登場する個人ごとにチェックしてお

図表2　個人情報確認シート

「伝統工芸の伝承者に聞く」
3年　組　班名
氏名

チェック項目	1	2	3
ふりがな 氏名	きむら◯◯ 木村　◯◯		
所属や肩書きなど	木村製作所　伝統工芸士		
氏名とヒアリングを掲載することの確認はできましたか。	8月14日お手紙返信		
求められた訂正や削除をしましたか。	・2頁、電話番号を削除 ・4頁、在学中の成績の話題を削除		
氏名はすべて間違いありませんか。掲載頁数	・2頁（ふりがなつき） ・3～12頁（氏のみ）、14頁		
所属や肩書きなどはすべて間違いありませんか。掲載頁数	2頁、14頁		
お礼状などの送り方は確認しましたか。いつ、どのように。	10月10日に冊子2冊といっしょに郵送します。文化祭当日に来てもらえる場合は9日に直接お渡しします。		

くのが便利である。

このほか、教育基本法（平成十八年十二月二十二日法律第百二十号）第四条第一項目に「人種、信条、性別、社会的身分、経済的地位又は門地によって、教育上差別されない。」と明記してあるが、受動的に学習者が差別されないだけではなく、積極的にあらゆる**差別**をなくすため主体となるための教育が必要となる。こうした**人権教育**は、人権教育及び人権啓発の推進に関する法律（平成十二年十二月六日法律第百四十七号）に、学校でも取り組むことを定めている。

地域の伝統文化や歴史を調査するなかでは、男女差別、外国人差別、部落差別、障害者差別など様々な事実を児童生徒は見聞きすることになる。例えば、防災教育の一環として地域における関東大震災の調査をすると、朝鮮人虐殺の記事や伝聞が出てくることもある。人権教育とはこういう事実を聞かなかったことにして隠蔽することではない。その一方で、プライバシーや関係住民への配慮などで書かないという判断をすることが必要となる場合もある。

障害という言葉についても、『特別支援教育とアート』や『新しい教育通義』で説明しておいたが、「障礙」「障碍」「障がい」「しょうがい」など表記方法に多様な考え方や慣行が存在する。法令では常用漢字を用いた「障害」でよいのだが、聞き取り調査であれば、語り手の考えに応じ、その意図を尊重する必要が出てくる。

現実に過去において存在し、現在もつづく様々な差別については、教師の側が事前に地域などの対象を十分に理解をしたうえで指導していく必要がある。

ここでは、いくつかの課題と手法に応じて記したが、総合的な学習の時間にかかわるルールやマナーの課題は、実際の社会に直結する多くの課題を持っている。社会や文化の多様性、立場や意見の違いも含めて経験して学ぶことに、体験学習による生きる力の獲得という意義がある。

第8章　体験の共感を表現する紙芝居

杉山貴洋

はじめに　介護体験紙芝居の出題から

「夏の介護等体験を振り返り、紙芝居で表現しなさい。」
・A3サイズ（二九七×二一〇ミリ）横位置とし、枚数は一〇枚程度とする。
・グループ制作とする。
・紙芝居の発表は、二回すること（一回目は、美術と福祉Bクラスでの発表とする。二回目は一年生に向けて、もしくは所属する研究室で紙芝居をする）。

この出題は、筆者が担当する武蔵野美術大学教職課程演習科目「美術と福祉B」を受講する学生たちが、夏の介護等体験をもとに制作に取り組むグループワークの課題である。学生たちが、高齢者や認知症の方と出会い、美術を通じて学習した様々な体験から得たことを、後輩である一年生に伝える紙芝居である。

もし、あなたが教員を養成する立場にあるとして、いや教員でなくとも誰かを育てる立場にあるとして、課題によってそれぞれの体験を意識化させようとするなら、どのような課題を設定するだろうか。文章によるレポートの課題であろうか。ドキュメンタリーのような実践記録だろうか。図と表でわかりやすく示された報告書の作成であろうか。もし、その学生が、美大生であるとしたら……。

本章では、体験を「物語」として伝える学習の舞台裏と、その制作手法について実際の事例をもとに考えていきたい。体験学習には、生活体験学習として職場体験やボランティア等の試みがなされているが、ここで取り上げる事例は、その学習方法と共通するものがある。美術大学の学生が、高齢者施設で七日間の介護体験を行い、その学習内容を定着させるために紙芝居を制作し、他者に伝えるという試みである。

第一節　武蔵野美術大学「美術と福祉」の特徴

「介護体験紙芝居」の制作手法について提示する前に、演習科目である「美術と福祉」の概要に触れておきたい。一九九八（平成一〇）年度より開始された「美術と福祉プログラム（二〇一一年度より、「美術と福祉」を科目名とする）」は、教職課程履修者が受講する武蔵野美術大学の独自科目である。一九九七年に公布された介護等体験法[*1]により、小中学校の教員を目指す学生は、社会福祉施設や養護学校等で七日間以上の**介護等体験**が義務づけられた。翌年から武蔵野美術大学では、東京都社会福祉協議会の協力を得て、小平市内六つの社会福祉施設と提携し、介護等体験を実施している。この教職課程二年次の必修科目が「美術と福祉」であり、筆者は二〇〇〇年から、この演習科目を担当している。

また、この授業は、二〇〇六（平成一八）年度に文部科学省から「特色ある大学教育支援プログラム[*2]」に選定され、二〇〇九年にも教職課程研究室が中心となり「大学教育・学生支援推進事業[*3]」に選定されている。美術大学の特色を生かしながら、演習や教員養成としても学習内容の高い授業であることは、外部評価の観点からも指摘できる。

そして、演習科目であるため、授業はグループワークで進行され、学生たちには様々な次元のコミュニケーションが求められていく。グループワークとしての班員同士の連携、施設職員との意思疎通、何よりも高齢者や認知症の方との精神的な交流である。また、それらのコミュニケーションは、美術がコミュニケーションの媒介となることを体験的に理解する。

そのため、前期は「美術プログラム」の企画や準備が中心の授業となり、後期は介護等体験から獲得したものを伝える作業を中心に授業が進められる。「美術と福祉」の特徴は、年間を通じてコミュニケーションを土台に進められることである。

第二節　空白のまま学生に預ける

このように「美術と福祉」の概要を振り返ると、演習内容として順調に進んできたように思われるかもしれない。しかし、担当者からすると、手探りの中で進める不安を抱えたまま舵取りをしている。なぜなら、今でこそ福祉施設や病院の中に美術やアートが入り込むことは珍しくなくなってきているが、当初は、そういった実践は稀少で、あったとしても授業として組み立てる方法は皆無に等しいものがあった。筆者も、病院や療養施設でのワークショップ経験があるものの、それは参考程度にしかならないだろう。人と人の間にあるものは、人が変われば、内容は大きく様変わりしてしまうことを現場の感覚として実感していたのである。

さらに、ワークショップであれ、レクリエーションであれ、手法を組み立てる感覚的なひらめきは、自発的な動機の中に隠れていることが多い。受動的な体験からは、かりのものしか生まれてこないものである。

一体、何を手掛かりに、美大生と福祉を結びつければいいのだろうか。法律で決まっているから？　教員の免許だから？　美術の領域を広げるために？　浮かび上がる疑問に、一つずつ答えても、学生の動機を自発的なものにすることはできない。それでも、夏休みになれば、学生たちは、美術プログラムを持って現場に立つことになってしまう。空論でない何を持たせれば、現場に赴くことができるのだろうか。

考えに考えあぐねた結果、現場に向かう最も大切で肝心なところは、空白のまま学生に預けてみようと腹をくくった。「私は、病院や療養施設のワークショップ経験があって、現場で様々なことを考えて実践をしている。しかし、介護の現場ではそういった経験がなく、正直なところ何が有効で、どういった心持ちが必要なのかわからない。でも、私たちはある事柄に対して似たような感慨を持つことは多々あって、この授業にはそういう予感があって、だから現場で実践してきたことを私に伝えてほしい」。空白は、空白なのだから、介護体験の後に、白い部分を染めてきてほしいと学生に伝えた。

それは、方角のわからない未来に向かってブーメランを飛ばすような作業である。しかし、結果として空白を作ることが、学生のアクティブ・ラーニングを促進させることになるのであった。大切なところを体験によって染め上げていくことは、美大生にとって感覚的に理解できたのだろう。白い部分を作り出したことは故意ではなかったが、体験学習を能動的にする秘訣になるのかもしれない。

また、演習授業における教員の役割は、指導や舵取りだけでなく、時には、伴走者になることも必要なのだと思う。わからないから一緒に考えていきたいという態度は、後に紙芝居の発表形式にもつながっていく。学生が気づいたことを筆者が知るための仕掛けなのである。このような経緯もあって、介護体験紙芝居の最も熱心な観客は、教員である筆者自身となるのであった。

第三節　言葉にならない意識下にあるものを引き出す

それでは、ここから「介護体験紙芝居」の具体的な制作手法として**紙芝居**について示していきたい。

冒頭で示したように、夏休みあけの九月に学生に課題文が提示される。この時、筆者は美大生の特性を考慮して「皆が、現場で体験したことを表現してほしい」と伝える。さらに、黒板に「表現＝○、説明＝×」と記す。「もう一度、言います。皆が、現場で体験したことを説明するのではなく、表現してほしい」と強調する。学生たちは目を丸くして黒板を見る。自分を表現者だと思っている美大生にとって、説明という言葉は、表現者としてのプライドを煽られることになる。同時に、絵だけでもない言葉だけでもない双方が重なって成立する紙芝居としての表現を模索することになる。

また、筆者は、河合隼雄のインタビューを引用し、物語で表現することの意味を学生に問いかける。

ある人が老人をだましてずるいことをしている。それがもっとひどくなると「ばあさんを食いものにしてる」とか、実際そういう表現を人間は持っている。もっと物語になれば、「ばあさんを汁にして食ってもうた」とかね。そういう心の深層の体験をみんなにつながるように述べてるのが、物語や昔話なんです。そして人はそういう体験をいろいろ持ってるわけだから、各人がうまく物語をつくり出してくることで、癒される。心がおさまるわけです。[*4]

「このインタビューでは、治療のプロセスを物語に見立てているんだけど……。皆が、介護の現場で感じたことを誰かに伝えようとするなら、言葉にならない意識の下にあるものを探していくことが大事なんじゃないかな」と続ける。

さらに、この出題以降、物語や台詞に関するアドバイスを一切しないことも伝える。紙芝居ができあがるまで、披露される本番まで知らないことが、熱心な観客の務めなのである。

出題を聞き終えると学生は話し合いを始め、筆者は、机間指導として教室を徘徊することになる。この時、メモであれ、落書きであれ、話し合いのかけらを残すようにアドバイスをするのだが、美大生の習性なのか、それはかなり徹底されている。彼らはいつでもスケッチブックを持ち歩き、授業のノートはもちろん、その時に考えたことやアイディアを書き込んでいる。

机間指導をしながら学生のスケッチブックを覗き込むことになるのだが、そのスケッチブックがこの上なく面白い。専攻する作品の習作もあれば、意味不明のキャラクターや動物、詩や散文が書きなぐられていることもある。ペンや木炭で描かれているページ、テープやプリクラが敷きつめられているページもある。そこで、スケッチブックから持ち主に目を移すと、その人となりが表れていることが多く、妙に納得してしまう。そこで意識的に話し合いの隙間にある表現に注目し、それとなく紙芝居に反映するよう働きかける。学生とすれば、関係のないものになぜ過度に反応するのだろうという表情をするが、この隙間を生かすことが紙芝居の表現の味わいにつながっていくのだ。

話し合いを進める中でもう一つ面白いことは、グループの均衡というかバランス関係である。ルールを決めて話し合うところもあれば、弟子と師匠のように主従関係で進めているところもある。それは、前期のグループワークの蓄積で、見渡せば小さな工房のように、それぞれが独特のカラーを醸し出している。このバランス関係も必然的に紙芝居の表現に反映されていく。作画監督のようにリーダーが指示を出しているところもあれば、分業でイラストとペイントを進めているところもある。グループとしても個性が発揮されている。筆者は、グループ内のキャラクターを紙芝居に生かすよう、ここでもさり気なく後押しをする。

第四節　内側からの気づきを目覚めさせる

話し合いが終盤に向かうと、学生たちは絵コンテを描き始める。絵コンテの技術的な指導はしないが、絵コンテ完成後に一枚一枚を切り離し、一列に並べることを義務づけている。その作業は、一枚ごとの時間軸に対して全体の構成を検証するためである。

この時点では、一枚ごとの完成度を追求しがちで、一〇枚で完成するという全体構成を忘れていることが多い。例えば、一つのエピソードで一場面を表現すると、物語に対して抑揚のない単調な構成となってしまう。単調は、意図されたものであればいいが、伝える意識が低いとそうなってしまう。作り手目線で表現していくのではなく、観客からの視点で気持ちが入り込むよう工夫をしなければならない。

同じように、意識しなければ、画面のアングルも横から等距離で切り取る画面が並んでしまう。切り取る距離や角度は、接近してもズームアウトをしてもいいし、ローアングルやトリミングなど様々なアプローチがあってよいはずだ。絵の中身について指導することはないが、構成に対する技術指導はするように心掛けている。第三者に「伝える」という経験が学生には必要なのである。

また、その指導も学生の専攻に合わせて伝えるようにしている。例えば、彫刻学科の学生であれば「人体の彫刻を、この絵コンテと同じように横に寝かせるとするよ。すると、頭のてっぺんから足までエネルギーが流れているというか、調和や抑揚のドラマがあるように感じない？　人体って立っているだけで物語を感じることってない？で、この絵コンテはどう？　コンテ一つひとつで完結させるのではなく、一〇枚並んで一つの彫刻って考えてみない？」と、問いかける。あくまで指導ではなく、内側から気づくような働きかけをする。ここでも普段の専攻と教職は別物と考えている学生にとって、同じようにプライドが煽られることになる。

紙芝居のように時間を扱う表現は、時間軸に対する解釈が必要とされる。しかし、その解釈とは新しいものを導入するのではなく、方法はすでに自分たちに備わっているのである。そういった気づきがあるのか、それ以降、学生たちは自分たちで考え、自分たちで検証をするようになっていく。

絵コンテが完成すると、本描きとしてイラストボードに絵が描かれていく。この頃には学生たちはすっかり自立していて、制作中にアドバイスをすることは全くない。それぞれの工房のスタイルで黙々と完成に近づいていく。ただ、これも美大生の特性なのか、絵が完成したところで燃え尽きてしまうこともある。しかし、紙芝居を時間表現と考えれば、絵が占める割合は全体の二割程度ではないだろうか。これは、映像表現と同じで、絵に音を合わせるよりも、音に絵を合わせた方が感覚的に伝わりやすい。その意味で、人間の感覚はもっと総合的で、人から人に伝えるという原初的なことをもっと意識しなければならない。物語で伝える一歩手前では、伝わりやすい言葉の音や抑揚、間の取り方、リズムやイントネーションについて改めて考える必要がある。それは、表現の中で自分の声を大切にするということである。

介護体験紙芝居は、美大生の特性を生かした課題であるが、同時にその弱点にも気づかないと、どんなに良い絵も芝居に生かされない。紙芝居の絵は、絵を使った芝居ではなく、芝居を生かすための絵なのである。そのため、学生には、時計を横に置いてリハーサルを繰り返すことを勧めている。

しかし、なぜか学生たちが筆者の前でリハーサルをすることはない。本番を楽しみにしていることに勘づいているのか、別の場所でリハーサルをしてきますと退出してしまうことが通例となっている。

第五節　共感を分かち合う行為としての紙芝居

出題から三カ月が経過し、いよいよ紙芝居上演の日を迎える。これまでの学習成果を披露する時である。熱烈なファンである感情を抑え、筆者はビデオ撮影のセッティングをする。最終的に動画は編集されて配布される。これまで机間指導の中で絵の内容は理解しているものの、芝居としては初めて目の当たりにする。投げかけたブーメランが戻ってくる瞬間である。

そして、各チームの熱演が続く。介護現場の緊張や戸惑い、認知症の方とのコミュニケーション、美術プログラムの実践、ハプニングと克服のきっかけ、職員や利用者の方のねぎらい等、悲喜こもごものドラマが再現されていく。ギター片手に歌い上げる紙芝居もあれば、淡々と無表情に語りつくす紙芝居もある。お揃いのスーツで発表するところもあれば、パワーポイントに合わせ音楽を駆使して発表するところもある。しかし、介護体験紙芝居の魅力は、表面的に飾られた演技ではなく、実体験をもとにした共感である。学生たちが、それぞれの声で当時を振り返り、第三者の共感によって体験を昇華していく。学生たちは発表後、少しだけたくましくなった表情を見せる。

以下に実際の紙芝居の作品と台詞を合わせて掲載する。*5 芝居としてのライブの魅力は半減してしまうが、実体験

紙芝居「小平健成苑物語」

ナレ：八月二日、今日も日差しが少し痛いくらいの晴天。夏だ！ 一日から小平健成苑に介護実習でお世話になって、今日で二日目である。これは、実際に行ったワークショップでの下山ちゃんと近くにいた一人のおばあちゃんの物語である。

①

学生A：皆さーん、こんにちは。今日はステンシルで風景を描きましょう。僕たちがお手伝いをして一緒に制作をするので、楽しんでやっていきましょう。

①

利用者A：えー。私にそんな素敵なすごいもの作れるかしら。無理よー。あっはっはー。

利用者B：絵なんて描けないわよー。ねぇー。

利用者C：若い人がたくさんいる。いいわねー。

ナレ：おー！　この反応。おじいちゃん、おばあちゃんも楽しみにしていたようである。あれ、皆が盛り上がる中、一人だけとてもムスッとした人がいる。下山ちゃんの近くにいるTさんである。

②

②

学生S：おはようございます。介護実習にきた下山です。今日は一日、よろしくお願いします。では、一緒にステンシルやっていきましょう。

利用者T：………。

利用者B：ほら、下山さんが一緒にやってくれるってよー。Tさん！！

学生S：なんだか。反応薄いなー。美術、苦手なのかな。上手く制作の手伝いができるかなー。

ナレ：下山ちゃんは、不安な表情を浮かべていた。

③

学生A：はい、じゃあ皆さん、絵の具を塗っていきましょう。

ナレ：色を塗り始めると…。あれー？？

③

ナレ：周りの方とは少しちがう、とても独創的な色を使い始めた。しかも、驚異的なスピードで。

学生S：すごい。もしかしたらTさん、絵を描くのが好きなのかも。

④

学生S：Tさん、他にもこんな色もありますよ。

利用者T：………。

④

学生S：また、こたえてくれないなー。

職員A：あら、Tさん手が汚れちゃってるわねー。

学生S：これで手を拭きますか？機嫌を損ねてしまったかなー。なんて声をかければいいだろう。

⑤

学生A：はい、じゃあ、次の工程いきますよー。次は、別の型を選んで塗っていきましょう。お花とか、お寺とか、街並みとか、ありますよー。

利用者T：ねぇ。ねぇ。これってもしかして、五重の塔？私は、

⑤

昔、五重の塔の近くに住んでいたのよー。

学生S：そうなんですか？私は、五重の塔、見たことがないんですが、どんなところなのですか？

利用者T：五重の塔はね。確か、近くにお花畑があったわね。

学生S：へぇー。お花畑があったんですか。

利用者T：懐かしいわねー。

⑥

利用者T：近くにお花畑があって。外国人も観光にたくさん来ててね。そりゃあ賑やかだったわよ。

ナレ：五重の塔の型紙を眺めなが

⑥

ら話すTさんは、最初よりも表情が柔らかになり、そして、幸せそうに昔の思い出を何度も話したのであった。下山ちゃんも安心したようだ。制作も順調に進んでいった。

⑦

学生A：皆さーん。もうそろそろ終わりの時間ですよ。どうでしたかー。

利用者A：えー。これ、私が本当に作ったの？恥ずかしいわー。

利用者B：学生さんが、手伝ってくれたおかげよ。

利用者C：早く部屋に飾りたい

⑦

わー。ありがとう。

学生A：それぞれ、個性的で素敵な作品ができましたね。僕たちも素敵な作品がたくさんできて、とても嬉しいでーす。

ナレ：会場は、楽しそうな言葉であふれていた。Tさんも、他のご利用者さんと一緒に作品を見せ合っていた。今日のワークショップは、いろいろあったが、なんだかんだ上手くいったのだった。

⑧

⑧

ナレ：次の日。
職員Ａ：Ｔさん、おはようございます。また武蔵美の学生さん、来てるわよー。
学生Ｓ：Ｔさん、おはようございます。昨日の制作、楽しかったですね。
利用者Ｔ：…………。
学生Ｓ：あれ、また、今日も反応がない。どうしよう。
職員Ａ：あー。Ｔさん昨日のこと、忘れちゃってるわよ。
学生Ｓ：あ…。そうですか…。
職員Ａ：でも、昨日、ワークショップ終わった後、すぐ部屋に飾ってたわよー。
学生Ｓ：本当ですか？忘れちゃってはいるけど、ちゃんと喜んでもらえたんだ。
職員Ａ：でも、Ｔさんの作品って、独特だよね。どれが、五重の塔か分からないわよね。
ナレ：確かにー。

をもとにした学生のストーリーを感じてほしい。

なお、この上演は、投票制のコンペティション形式で行われ、得票数一位のチームが、一年生を対象とした報告会に登壇し、それ以外のチームは所属する研究室で発表する方式をとっていることを付記したい。

おわりに

本章では、体験を物語として伝える制作の手法について、美大生の演習科目を事例に考えてきた。手法というと処方や製法があるように思われるが、取り立ててレシピのように書けるものではない。敢えて言うなら、学生の内側にある方法論を、課題のそれぞれの場面でつないでいくということだろうか。

そのため、まず教員である筆者が、美術と福祉プログラムに対して必ずしも正解があるわけではないことを理解する。そういった思い込みを捨てることで、不安は期待へと変化する。そして、学生たちが、何に気づき、何を感じ、どのように行動をしてきたのか聞き耳を立てる。さらに、そういった体験を表現の中で共有することで、学生自身の変容を後押しする。教員は、学生の体験を映す鏡であったり、促進する伴走者の役割を担っていく。また、一見、技術指導に見えるものも学生の素養を生かすことを考え、なるべく気づきの中で組み立てるよう配慮する。いずれ学生たちが、自立して自分たちで検証できるように。

介護体験紙芝居は、美大生の特性を考慮した学習方法であるが、それぞれの体験を昇華させていく方法は、どのような形式でも構わない。その手掛かりは、教師の経験ではなく、学生の体験の中にあるのだから。

註

1　一九九七年に公布された「小学校及び中学校の教諭の普通免許状授与に係る教育職員免許法の特例等に関する法律」の略称。一九九八年度から小中学校の教員を目指す学生は、社会福祉施設や養護学校等での七日間以上の介護等体験が義務づけられた。

2　文部科学省が、大学教育の改善・充実の観点から特色ある優れた取組を選定し、選定された取組を広く社会に情報提供することや財政支援を行うプログラム。

3　各大学・短期大学・高等専門学校から申請された、各大学等における学士力の確保や教育力向上のための取組の中から、達成目標を明確にした効果が見込まれる取組を選定し、広く社会に情報提供するとともに、重点的な財政支援を行う推進事業。

4　「語る　河合隼雄の世界４　物語と癒し」『朝日新聞』一九九七年六月一二日。

5　制作：菊地風起人、近藤太郎、大宮千佳、下山黎海。二〇一六年度。

第9章　体験の軌跡をたどる報告書作り

葉山 登

はじめに

誰にでも作ることができる**報告書**とは、どのようなものだろうか。第一節では特殊な技術や知識を前提としない報告書作りについて述べ、**アクティブ・ラーニング**としての報告書作りの鍵となる児童生徒の豊かさの可視化について取り上げる。そして課題設定に至る経緯や結果、新たな問題の発見などを記録することが「**主体的・対話的で深い学び**」であり、アクティブ・ラーニングそのものとなることや、報告書作りの基本となることを明らかにしたい。第二節では、年間継続型の学習での報告書作りについて、ポイントを押さえながら、もう一歩進んだ報告書作りの技法を示したい。

第一節　誰にでもできる報告書作りの基本

小学生でも、中学生でも、高校生でも、誰でもができる報告書作りは、一つひとつの活動を整理し、ファイリングしていくことから始まる。その際に「どのように」と自問しながら記憶をたどり、まとめることが作業の要となる。「どのように」と問うことによって、活動の場の「ひと・もの・こと」の情景が思い起こされて、次々と書き止めておきたいことが湧きあがってくるだろう。誰が、どのように、ひとやものに働きかけ、どのようなことをしたのか、その活動の中にどのような要素（内容）があったかを分類（分析）し、そこから何が読み取れるかを考え（考察）、どのようなことに心が動かされたか（感想）をありのままに、素直にまとめると、基礎資料＝報告レポートができあがる。

書きためた基礎資料を順序立てて整理し、活動の軌跡を振り返ってみよう。自分と仲間がどのように協働して課題の解決に取り組んだか、「ひと・もの・こと」とどのようなかかわりをもったか、どのように互いの良さを認め合い生かし高め合ったか、興味関心を広げてどのような世界に出会ったかが浮かびあがってくるだろう。つまり、どのように心と体を動かし、どのように理解を深めたか、体験の軌跡をたどり、それを位置づけて記すことによって、誰にでも報告書作りはできるのである。しかもそれは、自分は何を考え、どこに向かっているのかを物語るものとなり、自分の生き方を考える手立てとなる。

探究的な学習過程の「主体的・対話的で深い学び」を実現するためには、児童・生徒がすでにもっている豊かさを可視化することが重要である。現在の自分や仲間たちが、課題を「どのように」捉えているかを考え、可視化することによって主体性を引き出すことができるからだ。可視化とは、例えば心の中にある目では捉えることのできない考えを文字や図として表すことである。主体的な取り組みにするために、自分や仲間の内にある身近な興味関心を掘り起こすことから始めたい。私たちはそれぞれの存在の中に豊かさを秘めている。その豊かさの可視化により、報告書作りは無理なく展開できるからである。

文部科学省の「今、求められる力を高める総合的な学習の時間の展開（中学校編）」の「学校で定めた目標[*1]」を参考に、「自分と地域の「ひと・もの・こと」とのかかわり」をテーマにした課題設定を行うとしよう。これは、日常生活や社会にかかわる協働の探究活動を通して、生きた知識及び技能、考える技法を活用し、思考力・判断力・表現力などを育み、自己の生き方を見つけることをねらいとしている。

課題設定では、自分と仲間は地域の「ひと・もの・こと」に「どのような」かかわりをもっているか、グループのメンバーと地域とのかかわりを可視化することから始める。互いの豊かさを明らかにする方法としては、ブレーン・ストーミング（ＢＳ）が有効である。

ブレーン・ストーミングとは、川喜田二郎によると「問題解決のために新しい発想、アイディアを作り出すために考えられたもの」で、グループのメンバーが問題をどのように捉えているかについての意見を出し合い、それを整理して互いの考えを可視化する方法である。ＫＪ法を発案した川喜田は『発想法』[*2]の中で、互いがありのままに正直な考えを出し合うために、ブレーン・ストーミングについて守るべき四つの基本原則を紹介している。

①他人の意見を批判しない。否定しないこと。

②自由奔放に意見を述べよ。笑われやしないかと気にせず、思いついたことをいえ。

③量＝できるだけ大量のアイディアを出せ。いろんな角度からのアイディアを出せ。

④結合＝他人の意見を受けて、それをさらに発展させる。

では、具体的な方法をここで示そう。まず付箋を用意して、地域の「ひと・もの・こと」とのかかわりを整理分類しやすいように、一枚の付箋に複数の内容を書かないことを条件として、一行の短い文で記す。児童生徒に対する呼び水として、たとえば、地域にはどのような人が住んでいるかという問いを提示してみる。あるいは、私たちの周りにはどのような施設があるかという問いかけでも良い。問いかけの例をあげて、それぞれのグループが問いを立て、地域とのかかわりを探ってみるように促す。

「ひと」に着目してみよう、身近な「自然」に着目してみよう、「ボランティア活動」に着目してみよう。このようにしてテーマを決めて思いつくことをあげていくと、普段無意識に接していた世界に光が当たり、多様な世界が広がっていくだろう。一人一〇枚をノルマに思いついたことを片端から付箋に書くと、五人のグループなら、たちまち五〇項目があげられることになる。この時、笑われやしないかという心配を取り除いておくことは極めて重要である。何をいってもいいんだ、という安心感から、多様な意見やアイディアを浮かびあがらせることができるからである。

次に模造紙などの大きな紙に、書き出した付箋を広げ、見出しをつけてグループ分けする。するとそこには、自分や仲間と地域のかかわりの様々な視点が浮かびあがってくる。また、他者の意見に触れると、新たに発想が生まれてくる。これも大切にして付箋に書き出して加えていく。

書き出した付箋を整理分類することは、互いの経験をもとにした考えを要素ごとに分けることであり、まさに分析の体験にほかならない。分析し終えると、そこから何を読み取ることができるかを考える。これが考察になる。さらに、どのような発見があったか、どこに心を動かされたかを振り返ると感想になる。これらの体験をもとにグループのメンバーが互いに何に興味関心を寄せているのか、何を望んでいるのかを討議すると、課題設定ができる。

次にクラス全体に向けて、グループでの話し合いの結果と経緯を発表する。するとそれぞれのグループの発表内容の違いから、地域の「ひと・もの・こと」との多彩なかかわりが浮かびあがり、それぞれの捉え方や興味関心の違いを意識化することができる。これらの活動を①テーマ（決定した課題名）、②理由（動機）・目的・方法（テーマ設定の理由や目的及び問題解決のための方法や経緯）、③結果、④考察（結果を踏まえて考えたこと）、⑤感想（心が動かされたこと）に分けて文章にまとめる。これが報告書の基礎資料となる。

一つのまとめは、新たな課題を生み出す。つまり、メンバーの中から課題が生まれ、その課題の中から新たな課題が生まれ、その課題の中からさらに新しい課題が生まれるのである。その展開を可視化した図が、小中高「学習指導要領解説 総合的な学習（探究）の時間編」、「目標の趣旨」に示されている「探究的な学習における児童・生徒（探究における生徒）の学習の姿」である。[*3]

報告書は、スパイラルに展開する学びを記録して、自己や仲間の活動の軌跡を物語るものである。一つの事柄の体験記録ではなく、それらが積み重ねられた時間をもった経験記録として位置づけられるだろう。これを充実させるためには一つひとつの体験を「どのように」と問いながら記録として残しておくことが求められる。なぜなら、私たちは忘れてしまう存在だからである。

そこで重要になるのが記録力である。高橋陽一は、「記録力とは、ワークショップに関するあらゆる行為を対象として、記録を残して、次につなげていくための能力である。[*4]」と述べ、この記録力が、ワークショップをとりとめのない一時的な行為に終わらせない方策であると強調している。このワークショップを総合的な学習の時間の学びに置き換えると、ワークショップの記録も報告書の記録も、本質的には変わらないことがわかる。

また、葉山茂は『モノ語る』とは、モノについての記憶を語る、モノを介して記憶を語る、モノを起点として広がる記憶を語る行為のことである。[*5]」と述べている。報告書もまた記憶を語るモノであり、それを起点として広がる記憶を呼び覚ますモノである。

したがって、体験記録は、その場を広がりのある記憶として呼び覚ますことができるように、リアルに復元できるように心がけ、できるだけ早く、その日の活動をその日に記録しておく記録力が必要となる。

第二節　年間継続型の報告書作り

第5章から第8章までに、調べ学習や体験学習の技法、紙芝居で表現する技法が紹介された。これらの活動においても記録が残されることになる。どのようなことが仲間と話し合われ、また、地域の人々や地域社会とどのようにかかわり合い、どのようなことがわかり、どのようなことに心動かされたかが記録されているはずである。このような体験記録としての報告レポートを整理してまとめたものが年間継続型の学習の報告書である。

まずすべての報告レポートを目の前に置き、時系列にしたがって並べてみる。この報告書作りでは、特に調査や体験活動などオリジナルな体験記録を大切にしたい。そこには、グループのメンバーが対象に対してどのように向き合ったか、直接経験の軌跡が記録されている。誰でもない自らの直接経験の記録だからこそ、今後どのように生きていくか、未来をイメージすることができるからである。そして、それぞれの報告レポートの中にどのような内容が記録されているかを読み取って検討していく。意識的に調べ学習ではどうだろう、体験学習ではどうだろうと検討してみる。可視化された記録をもとに、それぞれ体験を読み解き、位置づけていく。

一つひとつの体験記録を振り返り検討し、何を学んだかを象徴的に捉えるためには、取捨選択が必要となる。ここが経験記録としての報告書の特徴である。さらに重要なことは、課題設定で明らかにした年度はじめのグループのメンバーの考えと、一年間の学びを終えようとしているそれとを比較することである。過去と現在を比較してみると、そこに違いが生じていることがわかる。この違いを通して自分と仲間がどのように成長したかを読み取り、一年間の学びの総括を行う。これを意識化することが、確かな歩みを自覚させ、自信となり、自己肯定感の支えとなる。

ここまでくると、報告書の全貌が見えてくる。先述したように、私たちは忘れてしまう存在である。たとえ忘れてしまったとしても新たにその場を紡ぎ直して、よりよく生きられるように記憶を復元できるような記録が求められるのである。「どのように・どのような」を問い、立体的に過去の経験を紡ぎ出すことができるように心がけて報告書を作ると良い。

報告書は単に自己満足のためのものではない。活動内容を社会に位置づけるためのものである。したがって読み手を意識して、読みやすく、わかりやすく表現するように配慮する必要がある。文章表現ついて第一にあげたいことは「平明達意」である。平明とはわかりやすくはっきりと述べることであり、達意とは自分の考えを十分に表すことである。これを基本とすれば文章を構成する個々の一文はおのずから短くなる。長い文より短い文で表すことを勧めたい。また、文と段落と文章の区別を明確にする必要がある。単語がつながって文を構成し、文もまた複数集まって段落を構成し、さらにいくつかの段落が集まって文章を構成している。段落は一つの意味上のまとまりであり、その中で何を述べるかをはっきりと意識し、さらに文章全体で何をいおうとするかを明確にすることが求められる。

つまり、報告書作りは、基礎資料である報告レポートを活動順に並べ、それをわかりやすく読みやすく整理し、その全体を読み通して何がわかり、どんなことに気づき、心を動かされたかを書き加える。さらに「はじめに」「目次」「おわりに」を加えて表紙をつけて綴じ、表紙にはタイトル、グループ名、学校名、できあがった日付を書き入れる。このような冊子作りが、小学生でも、中学生でも、高校生でも、誰でもできる報告書である。

次に中学生や高校生のために、もう一歩進めた報告書作りの技法を八つのポイントから紹介したい。この手法は、本作りの形式でもある。

①表紙

表紙には、「○○○○年度 総合的な学習の時間報告書『タイトル』グループ名　学校名」を記す。タイトルは、何をテーマに活動し学んだか、そのキーワードをあげると良い。たとえば「自分と地域の『ひと・もの・こと』とのかかわり」という大きなタイトルも考えられるが、「『市電の走る街　札幌』～市電の今・昔・未来は?～」のように、[*6]より具体的に内容を示すタイトルが良いだろう。

②報告書のサイズ・書式

報告書の用紙サイズは、図書として配置しやすいように定型のA4判かB5判とする。書式は読みやすさを考えて余白を十分にとり、文字の大きさ、一行の文字数や行数を決める。見出しにはゴシック体、本文には明朝体など、書体（フォント）にも気を配る。

③はじめに

「はじめに」は報告書の内容を示す道案内である。読み手が見通しを立てて読み進められるように、報告書の中にどのような内容があるか、そのあらましを述べる。何をテーマにしたのかを述べ、それに至った理由（動機）と目的を述べる。次にどのような方法でどのように活動を展開してきたのか、そしてどんなことがわかったのかを簡単にまとめて述べる。年間活動日程を示し、実地調査や体験学習を行った場合は、その場所（地域や施設名など）を明らかにする。

④目次

「目次」は報告書に書かれた内容の題目を順序立てて並べた一覧表のようなものである。読み手が関心を寄せたページにすぐに辿り着けるようにページ数も書き入れる。

⑤グループメンバー紹介

ここでは責任の所在を明らかにすると同時に、メンバーの似顔絵を入れたり、好きなことや得意なことを述べるなど、メンバーの存在をアピールすると良い。ユーモアに富んだ笑顔の挨拶で読み手を引き寄せることが望まれる。

⑥本文

どのような活動を行ったのか、その事実を報告し、事実の中にどのような内容があったかを分析し、そこで何がわかり、どのように心を動かされたかを述べる。調査や体験学習を中心にした報告書では、まず年間計画にしたがって(1)課題設定、(2)情報の収集（調べ学習や体験学習など）、(3)学習内容の整理・分析の順に述べると良い。次に(1)~(3)の活動全体のまとめを行う。グループのメンバーがそれぞれにいくつもの体験を踏まえて何がわかり、どこに心を動かされたか、一年間の学び全体の分析・考察を行い、感想も加えて総括する。

⑦おわりに

グループ全体で一年間の活動を通して学んだ結果・結論をまとめる。何がわかったのか、成果をはっきりと示す。そして新たに浮かびあがった課題に対して、今後、どのように取り組むかを述べる。最後に一年間の学びを支えてくれた人たちへの感謝の気持ちを綴る。たとえば調査や体験学習を受け入れてくれた施設やお世話になった方々への謝辞である。

して学校名とクラス名、住所を記す。

⑧奥付（おくづけ）

報告書の最終ページに、タイトル、発行年月日、著者名・発行者名（グループメンバー全員の名前）、発行所として学校名とクラス名、住所を記す。

このようなフォーマットでまとめると、報告書としての体裁が整う。しかし、ここで話を終わらせてはもったいない。まとめあげた原稿をグループ全体で読み合わせてブラッシュアップしたい。特に高校生には批判精神を発揮して原稿を推敲してほしい。自分の考えをわかりやすくはっきりと述べているかを討議し、批評し合ってより良い表現を探り内容を高めてほしい。この時には批判するのではなく、優れている点と改善点を具体的に指摘するように心がけたい。この討議と批評によるブラッシュアップによって、報告書の内容を高めることができるばかりではなく、互いの感じ方や考え方の違いに気づき、自己意識を高めていくことができる。

また、すべての報告書に共通することであるが、人権や個人情報への配慮も重要である。個人の尊厳は守られているか、写真を載せる場合、インタビューを資料として用いる場合、その許諾を得ているかなどの再確認を行う。このような配慮によって、社会的な責任を意識することができる。

報告書作りは作り手にとって意味あることばかりではない。たとえ一つひとつはささやかな小さな記録であったとしても、他の児童生徒の活動にヒントを与えたり、それを歴史的に見れば、児童生徒がこの時代をどのように生き、学んでいたかを物語る重要な資料となりうる。総合的な学習の時間の報告書もまた、この時代を物語る貴重な資料となり、未来につながる社会的な意味をもつものなのである。

おわりに

以上のように誰でもできる報告書作りの基本とそのポイントについて述べた。繰り返し述べてきたことは、「どのように」という問いをもとに記録することである。この問いは、過去の活動の場を点としてではなく、平面的な、さらには立体的な空間として、またそこに時間を含んだボリュウムのあるものとして思い起こさせる。自分は誰なのか、どこへ向かおうとしているのか自分の生き方を考えさせてくれるのである。また、報告書作りは、探究の学びのプロセスをまとめることであり、その成果を発表する方法である。比較する・関連づける・位置づける・構造化するなどの考えるための技法を引き出し活かす学びの場に満ちており、「主体的・対話的で深い学び」を経験する場にほかならないのである。

児童生徒はそれぞれの存在の中に宝の山を内包させている。取り巻く世界も同様に豊かさに満ちている。しかし、この時代の生活は直接経験としての「ひと・もの・こと」とのかかわりを減少させ、この豊かさに気づきにくい状況を作り出している。だからこそ、意識的に「どのように」という問いを携えた「主体的・対話的で深い学び」が必要であり、その経験の場として報告書作りは可能性に満ちた活動だといえるだろう。

註

1　文部科学省「今、求められる力を高める総合的な学習の時間の展開（中学校編）」教育図書、二〇一一年、七四頁。

2　川喜田二郎『発想法 創造性開発のために』中公新書、一九六七年（改版、二〇一七年）。

3　本書第3章の図表1「探究における児童・生徒の学習の姿」を参照（五一頁）。

4　高橋陽一『ファシリテーションの技法――アクティブ・ラーニング時代の造形ワークショップ』武蔵野美術大学出版局、二〇一九年、二〇四頁。

5　葉山茂「趣旨説明 気仙沼・尾形家と文化財レスキュー活動から見えた課題」、歴博映像フォーラム12「モノ語る人びと―津波被災地・気仙沼から」国立歴史民俗博物館、二〇一八年三月。
https://www.rekihaku.ac.jp/events/forum/old/f2018/pdf/eizo12.pdf（二〇一八年八月二〇日閲覧）

6　文部科学省『今、求められる力を高める総合的な学習の時間の展開（小学校編）』教育出版、二〇一一年、一一三頁。

第3部　事例研究

第10章　地域と総合学習

杉山貴洋

はじめに

大学を地域交流の拠点として、障害のある子どもの表現の場をつくる**ワークショップ**、通称「だれでもワークショップ」が白梅学園大学に誕生して、間もなく一二年目を迎える。障害のある子どもたちが、大学生とペアを組み、月に一、二回遊びを通じた表現活動で交流をする療育事業である。

総合学習を地域や学校、児童の実態に応じて、横断的・総合的な学習や児童の興味、関心等に基づく学習など創意工夫を生かした教育活動[*1]とするなら、その学習の目標や課題は、大学の教育においても同じである。とくに、保育や幼児教育、福祉など人を対象とする分野の養成校では、学習そのものが絵に描いた餅となってしまえば、実社会と乖離してしまう。理論と実践の往復と言われるように、横断的に学問を捉え、人間や社会を総合的に理解する学習は、小中学校で総合学習が始まる以前からの課題であった。そこには、実体験をもとにした対象の理解が必要なのである。

本事例の対象となる障害のある子どもを例にあげてみよう。資格や免許を取得するのであれば、障害に対する総合的な様々な知識が必要である。しかし、実際の支援となれば、知識で得られたような子どもが目の前にいる訳ではない。障害児という名前の子どもはいないのである。目の前には、名前のあるその子がいて、その子の気持ちに寄り添うことが支援の始まりである。また、もう少し言えば、人と人の間というように、人間を関係の中で捉える視点[*2]が必要となり、支援者自身も自分を見つめ直すことが必要であろう。それは、体験を通じた学習の中でしか得ることができない。

そのため、言い換えれば、私たちのワークショップは、地域の中で体験的な総合学習に取り組んできたと言うことができる。地域を舞台として、その子に出会うための体験学習である。

本章では、大学と地域の連携事業である「だれでもワークショップ」の実践事例を取り上げ、その誕生と経緯を振り返り、私たちがどのように地域にワークショップを定着させてきたのか、そのプロセスを考えていきたい。とくに、ワークショップが運営される舞台裏にスポットを当てて、体験学習を教員の視点から考えたい。体験学習の裏側から見えるサイドストーリーである。なぜなら、学生たちは、ワークショップの実践が総合学習となるが、教員である私にとっては、その実践を成立させる場の形成が総合学習となるからである。本事例のプロセスが、体験学習の何らかの手がかりとなることを願いたい。

第一節　遊びを通じた芸術療法

だれでもワークショップは、二〇〇七（平成一九）年に文部科学省の現代ニーズＧＰ[*3]で選定されて始まったプロジェクトの一つである。その前身は、私がファシリテーターを務める芸術療法のワークショップであった。その手法を大学の仕様にアレンジして、ゼミの学生たちがワークショップを実践する造形活動である。

まず、私の専門は造形教育である。ただし、学校教育における造形教育だけを範疇にしているわけではない。もう少し広義の造形教育の可能性を模索し、病院や療養施設の実践を続けてきた。その中で、こども療育センター（現在はこども発達センター）の芸術療法でファシリテーターを務める経験があり、現場の中で様々な可能性を感じていた。障害のある子どもたちが、少しずつ自分を表現できるようになること、支援するボランティアが子どもと共振していくこと、私自身も活動を促進するファシリテーターの魅力を感じていた。

また、芸術療法とはいっても、訓練のような活動では、子どもたちの意欲も参加も長続きしない。おのずと遊びと造形を連動させた手法が模索される。そして、その手法は研鑽され、後にワークショップと呼ばれるようになった。

ワークショップは実践の中で、治療と訓練、療育と教育、造形と遊びなど、様々な障壁を溶かしながら包み込んで機能する。障害児ではなく、その子を理解しようとするプロセスが発達を支援する。私は、そういった経験から、体験学習や横断的理解というとワークショップが、最も学習効果があると考えるようになった。

さらに、ワークショップの実践が蓄積されていくと造形活動の視点も変化する。子どもたちが作っているものは、作品ではなく自我を形成していること。小さな体験であっても積み重なると精神的な居場所となっていくこと。その蓄積は、地域につながること。点から線へ、線から面につながるように、ワークショップは時間をかけて理解することも必要とされた。そのため、体験学習の継続が子どもや学生の可能性を伸ばすことも実感していた。言い換えれば、物理的な空間の提供だけでは、ワークショップは一過性のイベントとなってしまうことを感じていた。それが、だれでもワークショップ前段の私の経験値であった。

第二節　実践と発表の繰り返しの中で

ある時、私がファシリテーターを務める芸術療法のワークショップが、白梅学園大学の公開講座として発表されることになった。小さな講演会であったが、後に、この内容をもとに、文部科学省が募集する現代ニーズＧＰの申請書が作成されることになる。

講座名は「表現としてのワークショップ―浦安市こども療育センター造形コースの挑戦」として、実践や進行の工夫、表現活動の意味を考える講演となった。そして、発表後のアンケートを通じて様々な感想が寄せられた。印象的なことは、講演の内容だけでなく「小平でもやって下さい。」「白梅に出来たら絶対きます。」とワークショップを期待する声が多かったことである。私は、この公開講座を通じて、活動を記録していくことの重要性を改めて実感した。そして、いずれワークショップの実践と発表を繰り返すことが、地域を動かす糸口になるのであった。

例えば、後に現代ニーズGPに採択され、教育委員会や校長会でプレゼンテーションする映像は「表現としてのワークショップ」で使用したものである。それは、わずか四分ほどの映像で、臨床心理士がたまたま撮っていたものを編集した動画である。しかし、活動を伝えるのにドキュメンタリーに勝るものはない。類似の実践がない中で実際の映像は、活動の必要性を伝える力があった。また、アートに熱中する子どもたちの姿から訴えるものがあるのだと思う。ある専門家は「この短い映像だけでも、子どもたちが成長をしているのが分かる。これは間違いなく療育だ」とコメントした。事実がどれだけの説得力を持つのか、ワークショップの実践と発表を繰り返す中で記録の重要性を痛感した。

さて、このような実践と発表の経験をもとに、当時、文部科学省が推進していた現代ニーズGPに申請をすることになった。

様々なテーマがある中で、私たちは地域活性化への貢献・広域型を選択した。障害のある子どもたちの地域受容の必要性を訴え、活動の発信が、地域拠点の形成になることを文章にした。さらに、選択したテーマに訴えるだけでなく、事前にニーズ調査を実施し、データでもその必要性を証明した。それは、広域型となる対象四市（小平市、国分寺市、小金井市、東村山市）の全保育所、幼稚園、計九六園を対象に、発達障害児や特別な配慮を必要とする子どもに関するアンケートである。そして、保育上、特別なあるいは個別配慮が必要な子どもの保育で「困っている」という回答は、七六％を占めていた。また、必要な情報や研修を望む回答も、ワークショップに関心があるという回答も予想以上に多いことが理解できた。この結果を受けて、私たちは、アンケートによる裏づけ以上に、地域から後押しされているような不思議な感覚を覚えた。

さらに、時代の風向きもあった。申請をした二〇〇七（平成一九）年は、全国でも特別支援教育が本格的にスタートした年である。これまでの特殊教育に、自閉症や、ＡＤＨＤ、ＬＤ、ＡＳＤもサポートの対象に含まれた**特別支援教育**が成立したのである。[*4] 文字通り、障害のある子どもの地域支援は、現代的に必要とされるテーマであった。

一方で申請書の作成は、頭を悩ませる日々が続くことになった。それでも、申請の項目に応えていくと、おのずとプロジェクトの輪郭は見えてくるものがあった。いかに気持ちだけが先走り具体的に構想していなかったのか猛省する。そして、私たちは、申請書の向こう側にいる見えない審査員と対話するつもりで完成させた。申請は「発表」ではないが、活動の内容を伝え、第三者を説得することで、具体的な運営が明確になることを学んだ。

第三節　ワークショップの命名

このような経緯により、白梅学園大学現代ニーズＧＰプロジェクトが採択された。プロジェクトの名称は「アートでつくる障害理解社会の創成」である。副題は「学生参画による障害のある子どものアートワークショップと親キャラバン隊の取組」となった。

私たちは新しいワークショップが始まる期待と不思議な高揚感に包まれていた。学生たちに、体験による学習の場を提供することができるのである。そして、火曜日は、私のゼミ活動として未就学の子どもを対象にすることにした。また、小学生が対象となる、土曜日のワークショップは有志の活動として、私がファシリテーターを務めることになった。

ワークショップの準備と同時に手がけたことはパンフレットの作成である。地域に向けて、行政に向けて、参加者に呼びかけるために伝わりやすい文言やイメージを形にする。プロジェクトのパンフレットは、広告のようなマス媒体ではないが、社会と接点をもつ重要な役割を持っている。私は、全体のディレクションを担当し、外部のデザイナーや業者に目的を伝えた。「この内容を、こうやって上手く伝えたい、伝え方で誤解を生み出したくない」と話しながら、依頼する作業もプロジェクトを明確にすることに気づかされた。

そして、プロジェクトの軸となるワークショップには、ネーミングが必要とされた。いくつかの候補から、「だれでもワークショップ」と命名することにした。だれでも、どのような子どもにも芸術的な素養があるという活動の名称である。この時、私がイメージしたことは、美術教育のパイオニア、フランツ・チゼック[*5]のことであった。全ての子どもに芸術的な素養があることを実践によって証明したチゼックの思想である。私たちが、目標とするところは、障害のある子どもが参加できるワークショップではなく、だれでもどのような子どもでも参加できるワークショップではないだろうか。チゼックは、障害児に言及している訳ではないし、実践としての手法も全く異なるものである。しかし、広義の教育として原点を忘れないようワークショップをつくろうとしたのである。

また、名は体を表すと言うが「だれでもワークショップ」と命名したことで、プロジェクトは、一年後、障害のある子もない子も参加できる演劇ワークショップを開始した。インクルージョンのプロジェクトとして、名前が、後づけで活動を生み出していくのであった。

さらに、プロジェクトでは、名称だけでなく、障害という言葉も前面で使用しないことにした。説明会や書類で使用することはあっても、タイトルなどでは使わない。参加者に「だれでも」と、呼びかけることで、障害のあるなしに関わらず、全ての子どもにアートが存在することを伝えようとしたのである。加えて、ワークショップを説明する時も、療育や訓練という言葉をなるべく使わずに、敢えて「表現」という言葉で推進した。

ある人から「だれでもワークショップっていう名前はね、ずっと使い続けた方がいいよ」とアドバイスをされることがあった。ネーミングや名称は、繰り返し呼ばれることで伝播されていく。その性質は、プロジェクトが進行し、年数が経てば経つほど実感している。言葉は、独り歩きすることもあれば、一人で自立することもある。第三者に伝わる言葉は、社会の中でどのように機能していくのかというイメージを持つことが必要なのだろう。

第四節　ワークショップの手法は教えられるのか?

本章は、体験学習をつくる舞台裏をたどっていくものであるが、少しだけ表舞台となるワークショップの実践に触れておきたい。

華やかであるはずの舞台の表側で、ゼミ生たちは試練に直面していた。学生に現場の運営を預けた「だれでもワークショップ」は、活動が軌道に乗るまでに試行錯誤を繰り返していた。とくに、初回のワークショップでは、活動が崩壊する事態となってしまった。子どもたちの極端な試し行動[*6]と、環境の変化によるパニックも重なって、騒音と怒声がこだまする。障害のある子どもたちの活動をつくることは、容易なことではないのかもしれない。その様子は『造形ワークショップの広がり』[*7]に記したが、ゼミの学生たちには、より実践力が求められ、チームワークが必要とされている。目指していることや、方法は間違っていなかったが、トンネルを抜けるまで苦しい試行錯誤となってしまった。

私は、この経験からワークショップの初回には、魔物が棲んでいると考えるようになった。現場には、理屈で推し量ることができないものが存在する。そのため、魔物が機嫌を損ねないように、裏を返せば、女神の尻尾をつかまえるというようにワークショップを感覚的に捉えるようになった。

また、それ以降、感覚的な体験をどのように学生たちに伝えればいいのか、そもそも教えられるものでないという狭間で苛まれることになる。この葛藤は、今でも尽きることがない。実践の中で似たような現場はあっても、同じ状況は存在しない。私の経験を伝えても、ワークショップの概念を伝えても、肝心なところは応用できないのだと思う。実践とは、あたかも生き物のようで、感覚は、感覚でしか伝えられないのかもしれない。

さらに、私自身もファシリテーターであるため、学生たちの弱点が即座に見えてしまう。どこをどう修正し、何を改善すればいいのか瞬時に分かってしまう。しかし、それをすれば、「私の」ワークショップになってしまう。何よりも、学生たちの主体性を奪うことになってしまう。だれでもワークショップは、「ゼミ生たちの」ワークショップなのである。

一方で、ワークショップの運営は学生の手に委ねつつも、子どもたちを預かる以上、致命的なミスは許されない。安全と安心が最低限のラインであって、子どもたちが、もう行きたくないと思ってしまえば、参加そのものが途絶えてしまう。続かなければ療育にならない。継続が支援につながる中で、どれだけ学生たちの個性を乗せることができるか。「教える」から「育てる」という発想の転換が迫られる。それが、ワークショップという生き物を育てる私のテーマとなった。

そして、ワークショップが軌道に乗るまでに予想以上の時間が必要とされた。私は、ある医者が「一つのことを三倍の時間をかけて取り組んでください」と話していたことを思い出す。それは、障害のある子どもの成長だけでなく、それを受容する学生たちの時間も同じであった。

第五節　ワークショップの女神が微笑むとき

さて、ワークショップの実践と発表を繰り返し、他者に伝える試みが行政を動かしたと前述したが、それは偶然の結果論に過ぎないのかもしれない。なぜなら、当初は、ドキュメンタリーが何を生み出すのか知るよしもなく、ひたすら目の前の実践に追われていたからである。それでも、記録が人を動かすことを理解していた私は、ドキュメンタリー専門のカメラマンにその趣旨を伝え、初年度のワークショップは、全回を撮影するよう依頼した。先のことは分からないが、事実を留めておこうと考えたのである。
しかし、初回の失態もあって、ドキュメンタリーの内容は、障害のある子どもたちを受容して行く難しさを喜びに変えていく学生たちの成長記録となった。それは、偶然のストーリーであったが、その葛藤と成長には、揺さぶられるものがあり「地域の中の精神的な居場所」について考えさせられるドキュメンタリーとなった。[*8]
このドキュメンタリーの訴求性も影響して、後に、だれでもワークショップは、いくつかの分野で受賞する。[*9]
これらの受賞は、期間限定で終了するプロジェクトにとって、大きな牽制を果たすことになった。当時、文部科学省の助成期間は二年半であった。それまでに何かしらの結果を残さなければ、ワークショップの存続は否めない。当事者が、ワークショップの必要性を訴えても、保護者のアンケートをまとめても限界があった。そのため、審査機構からのオーソライズを受けることで、この状況を打破しようとした。この時、これまでの蓄積が功を奏したことは言うまでもない。発表の形態が何に変わろうと、届ける相手は必ず存在するのだから。

さらに、プレゼンテーションが最も効力を発揮したのは、当時の外部評価委員会であった。年に一、二回、予算報告を兼ねて行われる外部評価委員会には、小学校校長、障害者福祉課長（小平市）、他大学の教員等が出席していた。現場とは違う会議室の中で、子どもも学生もいない状況で、ドキュメンタリーは、ワークショップの必要性を訴える役割を果たした。

そして、三回目の外部評価委員会のことだった。報告事項を伝達したところで、障害者福祉課長が挙手をした。「来年から、ワークショップだけでも継続してもらえませんか？」と発言された。突然の申し出に、私は言葉を失った。すると、プロジェクトに関わっていた教員が、その申し出を復唱した。「今、継続してもらえませんかって言いましたよね？」。課長は「はい」と大きく頷いた。それは、次年度から市の事業として継続される正式な意思表明であった。

発達支援のプロジェクトとして、活動の継続にこだわったことが報われた瞬間であった。これで、やっと地域に根を下ろすことができる。ワークショップの女神は、会議室でそっと微笑んで、ここを根城にすることを許したのだった。

おわりに　自分の気づきから始まること

こうして、だれでもワークショップは、小平市の療育委託事業として生まれ変わり、今も現在進行形で継続されている。私は、相変わらず土曜日のファシリテーターを務めながら、火曜日のワークショップをドギマギしながら見守っている。

振り返れば、当初、体験学習の場の形成としてワークショップという舞台を造り上げることを思い描いていたが、今は、生き物を育てているような心持ちでワークショップを理解している。油断のできない気まぐれな生き物である。それは、毎年、学生が入れ替わることも影響しているが、完成したものを造り上げるという感覚ではなく、ずっと未成熟で不思議な生き物を飼いならす感覚である。

また、その有機的なワークショップを続けてきて思うことは、体験学習の意味は、学生たちが自分の視点で自分の気づきを話すことにあると考えている。

例えば、学生たちは、反省会でこのような発言をする。「○○くんはさ、あんなことをするんだけど、実はとっても自信がなくて、だからあんな行動しちゃうんだよ」「○○ちゃんは集団が苦手なように見えるけど、他のお友だちのことをすごく気にしていて。本当は、そっちに行きたいって思ってるんだよ」というように、子どもたちの気持ちを代弁し、その状況を伝え合う中で共有している。

さらに、その気づきをもとに、その子が作りやすい材料を用意したり、その子が分かりやすいカードを用意したり、その子が理解しやすい声かけを模索する。それは、教科書やマニュアルにはない自分が考えた支援のアイディアである。与えられたものではなく自分で考えたアイディアは、実際の支援に生かされ、その積み重ねがワークショップを自分色に染め上げていくのである。

そして、ワークショップという生き物を育てている私自身は、学生たちの気づきを聞くことを楽しみにしている。なぜなら、その言葉は、人と人の間の出来事であることに改めて気づかされるからである。絶え間なく生まれる人と人の間の言葉に耳を傾けて、だれでもワークショップは続いていく。

註

1 本書第1章参照。

2 人間を関係の中で捉える視点とは、抱えている個人の属性として障害を捉えずに、個人と社会の関係の中で考える「社会モデル」として理解する考え方である。一方で、個人が抱えている、または個人に備わっている「医療モデル」として捉える考え方もある。この二つの考え方を統合したのが、ＷＨＯ（世界保健機構）の国際障害分類である。

3 文部科学省が推進する「現代的教育ニーズ取組支援プログラム」の略。各種審議会からの提言等、社会的要請の強い政策課題に対応したテーマ設定を行い、各大学から応募された取組の中から優れた教育プロジェクトを選定し、財政支援を行うことで高等教育の活性を目的としていた。

4 二〇〇六年六月に成立した改正学校教育法では「その他心身に故障のある者で、特殊学級において教育を行うことが適当なもの」が「その他教育上特別の支援を必要とする児童・生徒及び幼児」という文言になった。さらに、学校教育法施行規則で、通常の学級において特別の教育課程によることができるものにＬＤやＡＤＨＤが追加され、特別支援教育の対象に含まれるようになった。

5 フランツ・チゼック（一八六五〜一九四六）オーストリア、画家。児童美術教育の実践家。一九〇〇年直前に始まった（芸術）教育改革運動初期の運動家。

6 子どもが親・里親・教師などの保護者に対して、自分をどの程度まで受けとめてくれるのかを探るために、わざと困らせるような行動をとること。

7 杉山貴洋「第7章 だれでもアートワークショップ 白梅学園大学・アートでつくる障がい理解社会の創生」、高橋陽一編『造形ワークショップの広がり』武蔵野美術大学出版局、二〇一一年。

8 現在、子どもの居場所や、第三の場所（サードプレイス）は、三つの要素（主観性、空間性、関係性）が重なるところに存在すると考えられている。当事者が人とのつながりに心地よさを感じられる場になっていることが特徴とされている。

9 第七回こども環境学会活動賞受賞。第四九回冨田博之記念賞受賞。二〇〇八年キッズデザイン賞受賞。二〇一〇年、二〇一一年キッズデザイン賞フューチャーアクション部門受賞。二〇一三年キッズデザイン賞学び・理解部門受賞。

第11章　色彩で交流する

葉山 登

はじめに

総合的な学習の時間において、どのようにすれば児童・生徒たちの**協働**の態度を培うことができるであろうか。小学校、中学校、高等学校などそれぞれの発達段階や関心に合致した方法をここでは考えたい。関心を高めて、意欲や協働の態度を促進するブレーン・ストーミングとして、ここでは「新しい仲間といっしょにオリジナル色紙を作る」「オリジナル色紙でコラージュ」や身近な自然への興味関心を高める「草花こすり染め」などのアートの事例を紹介する。そして、色彩を仲立ちに交流することが言葉によるコミュニケーションを超え、**主体的・対話的で深い学び**の扉をひらき、総合的な学習の時間の導入として有効であることを明らかにしたい。

第一節　協働の態度を培う色彩の性質

色彩はなぜ交流の扉をひらき、対話的な学びの基礎を培うことができるのだろうか。まず、色彩の透過性と動き、変化の三つの性質に着目して考えたい。

色彩は、私たちが体の中に酸素を取り込むようにスーッと壁を突き抜けて心の中に入る透過性をもっている。これが、全身で感じ考える感性的な判断を引き出し、ありのままの自分の姿をさらけ出させてしまうのである。また、色彩はそれ自体が動きをもっている。黄色のように広がろうとする動きもあれば、青のように中心へ向かおうとする動きもある。あるいは赤のように静止に向かう動きもある。[*1] これらの色彩の動きは、私たち一人ひとりの心の動きと響き合い、能動的に輝くことを求めたり、受動的に落ち着きを求めたりする。私たちはいつもその輝きや陰りに注目しており、心の動きと一体化させている。もう一つ重要なことは、変化への対応である。協働による色彩表現では、画面の変化は著しく、予想外に展開をすることが多い。色と色が混じり合い刻々と変化する画面に働きかけると、自ずと感性的・全身的な判断が求められ、ここでもありのままの姿が表れるだろう。

協働制作において、このような色彩の性格は、個性と個性のぶつかり合いを誘発し、高まりもすればカオスのような混沌とした表現に陥ることもある。そこで求められるのが協働の態度である。私はこれを「より良い表現を目指し、互いの表現を生かし合う」と捉え児童生徒に伝えてきた。つまり、画面に登場した色彩の意思を否定することではなく、自他の考えを広げ深められるように徹底的に尊重し、色彩の輝きを大切にするように話してきたのである。もし、否定的な表現や自分勝手な一方的な表現に陥ると、色彩はただちに輝きを失う。色彩表現を高めていくためには、それぞれの色彩の意思を感じ取り、関係性に配慮して最大限に輝くように選択決定を重ねていくことが求められる。これさえ手放さなければ、たとえ表現の過程で画面のバランスが崩れたとしても、それを立て直し新たに魅力的な画面に展開することができる。

このような色彩の性質は、高い包容力をもっており、同年齢にも異年齢にも交流の扉をひらくことができ、「他者との協働や外界との相互作用を通じて、自らの考えを広げ深めるような」[*2]**対話的な学び**の基礎となり、協働の態度を培うことができる。

第二節　導入とアート（1）　オリジナル色紙を作る

では、「色彩で交流する」は総合的な学習の時間の中でどのようにして実現できるのだろうか。

新学期を迎えると、クラス替えや新たな班分けなど新しい仲間と出会う機会が増える。それは、期待とともに不安をもたらす。この不安を取り除くものとして、「オリジナル色紙作り」は大きな力をもっている。廊下の手洗い場を利用したり、机の配置の工夫やそれを覆うビニールを準備することによって、小・中・高等学校の通常教室でも実践できる。

この色紙作りは、第9章で取り上げたブレーン・ストーミングのように展開する。互いの批判・否定をしないこと、素直にありのままに積極的に自己表現すること、互いの表現を生かし合うことなどの原則にしたがって色彩での交流を推し進めると、年間継続型の総合的な学習の時間の導入として役立てられる。この事例ではア〜ウの三つのねらいを掲げて、①〜⑥のように展開する。

ア：感性を働かせ、全身で感じ考え感性的判断を体験する。

イ：色彩表現を仲立ちにした非言語コミュニケーションを体験する。

ウ：互いの表現を認め、生かし合い、より良い画面を創ることを目指して協働の態度を高める。

①絵の具を溶く

透明水彩絵の具六色（カーマイン、バーミリオン、レモンイエロー、ゴールドイエロー、プルシャンブルー、ウルトラマリーン）を溶く。

容器は、透明のプラスチックカップやガラス瓶を用いるのが良い。溶く絵の具の色の変化を体験できるからである。また、筆洗いも透明の容器を準備する。黄色を溶き、筆を洗うと黄色の色水ができ、次に赤を溶き、その筆を洗うと一瞬にして橙色に変化するのを目の当たりにできるからである。次に青を溶いた筆を洗うと、綺麗な橙色は濁った暗い色に変わる。これらの色彩の劇的な変化は、自ずと心を動かし、動的な世界へ誘い、「色彩で交流する」ための準備となる。

絵の具の濃さは、流動性を高めるためにやや水分を多めに溶くのが良い。描き手が絵の具による色彩体験が少ない場合は、ファシリテータ・教員が溶くのが良いだろう。この場合は、予め溶き終えた絵の具を渡すのではなく、溶く場面に立ち会わせてこのプロセスを共有する。色を溶きながら、この絵の具の流動性や色彩の輝きに関心を向けたり、筆の扱いに注意を与えたりできる。このような配慮（環境づくり）が豊かな交流の鍵になる。

②筆（フィルバート二〇号）・雑巾・筆洗を準備する

フィルバート型の筆を基本としているのは、刷毛のような使い方ができ、丸筆のような線の表現もできるからである。多様な表現ができるという意味で理想的だが、あり合わせの筆や刷毛でも十分楽しむことができる。

③全判の色模造紙から好きな色を選ぶ

色模造紙は、赤系・青系・黄系・紫系・緑系・橙系、それぞれの薄い色に白を加えた七色を基本にするのが良いだろう。さらに様々な色彩体験ができるように児童や生徒たちの表情を思い浮かべながら色を選び加える。準備した色模造紙の中から好きな色を選び、机に広げる。

④オリジナル色紙作り

協働の態度を支える活動のねらい（前述のア～ウ）を確認してから描く。

大きな紙に太い筆で好きな色を使って自由に描く（図1）。しかし、たいていの場合、グループのメンバーがそれぞれ大きな画面の前に立ち、目の前の場所にだけ働きかけて、メンバーの数だけの表現が並列することになる。ここで筆洗をひっくり返すなどのハプニングが起こると画面は一変して流動的になる。画面に広がった水を雑巾で拭き取ることで、色と色が混じり合い、互いの表現を隔てていた壁が壊れるからである。しかし、いつもこのように都合のよいハプニングが起こるわけではない。画面が固定化して動かない場合は、「場所を移動して描き進める方法もあるよ」とアドバイスしたり、ブレーン・ストーミングの原則やねらいを喚起する。

図1　オリジナル色紙を作る

一枚目のオリジナル色紙がある程度できあがったところで中間鑑賞会を行う。この学び合いが刺激になってまた多様な表現を発想させるからである。納得するまで描いたら、一枚目の色紙を廊下などに移して乾かし、二枚目の色紙作りに移る。

⑤二枚以上の色紙を作る

新たに模造紙を選び描き始める。二枚目になると、水彩絵の具の流動的な性格に慣れ、心も体も動き始め、より自由な表現となっていく。ここで気づかされることは模造紙の色の違いである。ピンクの紙に描いた場合、緑の紙に描いた場合、白の紙に描いた場合、それぞれ呼び覚まされる心の動きが違ってくる。選んだ紙の色が画面の展開を方向づけ、さらにその後の画面への働きかけが、その先の展開を決定づけるのである。この展開の違いに気づくと、一つひとつの選択決定を全身全霊で行い、我を忘れるほど夢中に色彩で交流する世界に浸ることができる。

二枚目を描き終える頃には、雑巾・スポンジ・指や手で描いたらどうだろう、ドリッピングやデカルコマニーをしよう、と次々に発想が湧いて様々な表現法を試したくなる。主体的な活動が展開するのである。

⑥色紙を乾かす、振り返り

オリジナル色紙を乾かすと、やがて流動性は失われ、色面として定着する。色彩で交流した軌跡が時間を含んだボリュームのある表現となって残される。

この透明水彩絵の具は流動性が高く、混ぜようとしないところまで混ざってしまい、その浸透性に魅力があり、自ずと交流を深めさせ協働の態度を培ってくれる。また、水加減でいろいろな色の明るさの表現ができたり、同じ絵の具の「赤・青・黄」であっても台紙の色によって異なる表情を見せ、筆を押し当てる強弱によって、異なる点・線・面の表現ができるなど表現の可能性は無限であり、一層それぞれのありのままの姿を顕（あらわ）にさせ、交流を深めさせる。

第三節　導入とアート（2）　オリジナル色紙でコラージュ

コラージュを行う場所は、なるべく広い場所が望ましい。体育館や多目的室などを利用できれば理想的であるが、机の配置の工夫によって通常教室でも可能となる。この活動においてもブレーン・ストーミングの守るべき基本原則を確認し、より深く交流できるように、ア～ウの三つのルールを設定し、①～⑤のように展開する。

ア：色紙を切りだめしない。

イ：順番に交代してコラージュする。アとイのルールによって、画面の変化を共有しながら、グループの全員が公平に制作に参加し、コラージュを展開する。

ウ：のりづけの場所と台紙までの間に空間を作る。空間を移動することによって全身で感じ考えることが容易にでき、感性的判断ができるようになるからである。

①前回作った色紙を鑑賞し、コラージュのテーマを決める

複数枚描いたオリジナル色紙を鑑賞し、コラージュのテーマを決める。もちろん互いの直感的な活動に主眼をおいて、テーマを定めないというテーマでも良い。

②台紙を壁面に貼る

台紙には全判の画用紙を準備しておく。色画用紙やダンボールなどコラージュの活動を支持できる台紙であれば何でも活用したい。台紙を活動場所の壁や黒板や窓ガラスなどの壁面に貼る。視覚が働きやすくなり、互いの働きかけで変容する画面を把握しやすくなるからである。これによって感性も思考も活発に働き、新たな発想も湧きやすくなる。

③オリジナル色紙の魅力的な部分を選び、ちぎる・切る・貼る。

オリジナル色紙を手でちぎったり、ハサミで切り取ってみると、色が一層輝き際立って見えたり、濁って汚く見えていた色も思いがけない表情を見せる。こんなにも魅力的な色を作り出していたのかという気づきは、自らの存在を肯定させてくれる。のりづけの場所と台紙までの間の空間を動きながら、自分の表現が生き、仲間の表現も生きるように感性的な判断にしたがってコラージュする（図2）。

④鑑賞会

できあがったコラージュの鑑賞会を行う。より良い表現と互いの存在を認め合い深く交流することを目指した活動の軌跡を開示するのである。作品は、それぞれのグループのありのままの心と体の動きを物語り、個性が際立ち、多様な表現があることを確認させてくれる。この表現の違いは、学び合うことの意味を実感させ、それぞれに居場所を与え、信頼関係を築かせ、年間継続型の学習の支えとなる。

図2　オリジナル色紙でコラージュ

⑤振り返り

振り返りも重要である。それぞれが、どのように活動し、どのような学びをしたかを分析し、どのように考え思ったかを記録として残す。小・中・高等学校と児童生徒の発達に合わせて、分析考察の内容をより具体的に記述するように求める。その記録を互いに交換することによって、感じ方や考え方の違い、自己の良さや可能性を確認することができる。

このコラージュの魅力は、五感・創造・協働の体験が豊かに内包されていることにある。全身で感じ考える感性的な存在として、ちぎる・切る行為やぬるぬるしたのりの触感を楽しんだり、空間移動をしながら選択決定したりなど、五感をフル稼働させて心と体を動かすことができる。また、この活動には唯一の正解があるわけではない。仲間の思いがけない表現によって、新しい関係性や意味が生じ、未知の課題への対応を求め、さらに新しいイメージや発想を呼び覚まして、予測を超えて動的に展開していく。色彩での交流は、表現内容を高める性格をもっているると同時にいつ破綻するかわからない怖さも併せもっている。まさに先が見えないドキドキ感がいっぱいの創造的体験である。そのうえ言葉を超えたありのままの姿をさらけ出し合う交流であるから、主体的・対話的で深い学びの扉をひらくことができる。

第四節　導入とアート（3）　草花こすり染め

「草花こすり染め」は、包容力に富む教材であることから、身近な自然への興味関心を高める総合的な学習の時間の導入として、小・中・高等学校のすべての段階において活用のできる事例である。教師が児童生徒を身近な自然・生命のある世界へ誘う方法は様々に考えられる。例えば赤い花のチューリップのように緑の蕾から黄味がおび、橙がおび、赤に至る変化である。このような変化は身近な自然に目を向けると枚挙にいとまがないが、気づかずに見過ごしていることが多い。教師がこのような生命の神秘や自然の不思議さや変化に興味関心を寄せ、児童生徒に「不思議だねぇ！」と注意を促したとしたらどうだろうか。探究的な学習の扉をひらき、主体的に心と体を動かすスイッチとなるに違いない。

私は、これまで身近な自然に働きかける色彩造形活動として「身近な植物で毛糸や絹布を染める」「木の葉のフロッタージュ」「藍の生葉たたき染・藍染」「枝を曲げて毛糸を織る」「チューリップの繊維で紙を作る」などを実践し紹介してきた。[*3] これらは、生きる力を育みたいという願いから、ものが生まれるプロセスに着目した題材であり、自然の一員として生き、自然物を加工して新しいものを作り出すホモ・ファーベルとしての人間性を発揮することを目的としていた。したがって活動時間を十分に確保できることを前提としていた。しかし、時代はより手軽で短時間にでき、しかも本質的な経験を内包した題材を求めている。

もっと良い教材はないものだろうかと思い続けていると、二〇一六年の春に偶然に朗報がもたらされた。それは、カラスノエンドウの花を紙の上でこすると紫色に染まるというラジオ報道であった。早速、カラスノエンドウの小さなピンク色の花でこすり染めをしてみると、きれいな青紫に染まった。春はオオイヌノフグリ、ホトケノザ、オニノゲシ、オドリコソウなど多彩な野の花が咲く。手当たり次第に試してみた。花はピンクや黄色や赤茶色、葉は黄味がかった緑色から涼しい緑まで様々な色に染まり、どれも春の色を象徴していた。四季を通じて「草花こすり染め」を実践してみると、「身近な植物で毛糸や絹布を染める」題材と同様に染めた色によって、季節の変化を実感でき、身近な自然への興味関心がひらかれると確信することができた（図3）。

この「草花こすり染め」の魅力は、何と言っても直接性と手軽さである。働きかけるとすぐに結果を得ることができるし、紙と画板をもって外に出て、身近にある野の草花を採集して紙にこすりつけるだけで染まってしまう。浸染めや煮染めのように、設備・特別な用具・薬品などを必要としない。身近な自然への興味関心をひらく総合的な学習の時間の導入教材として活用できる可能性は極めて高い。

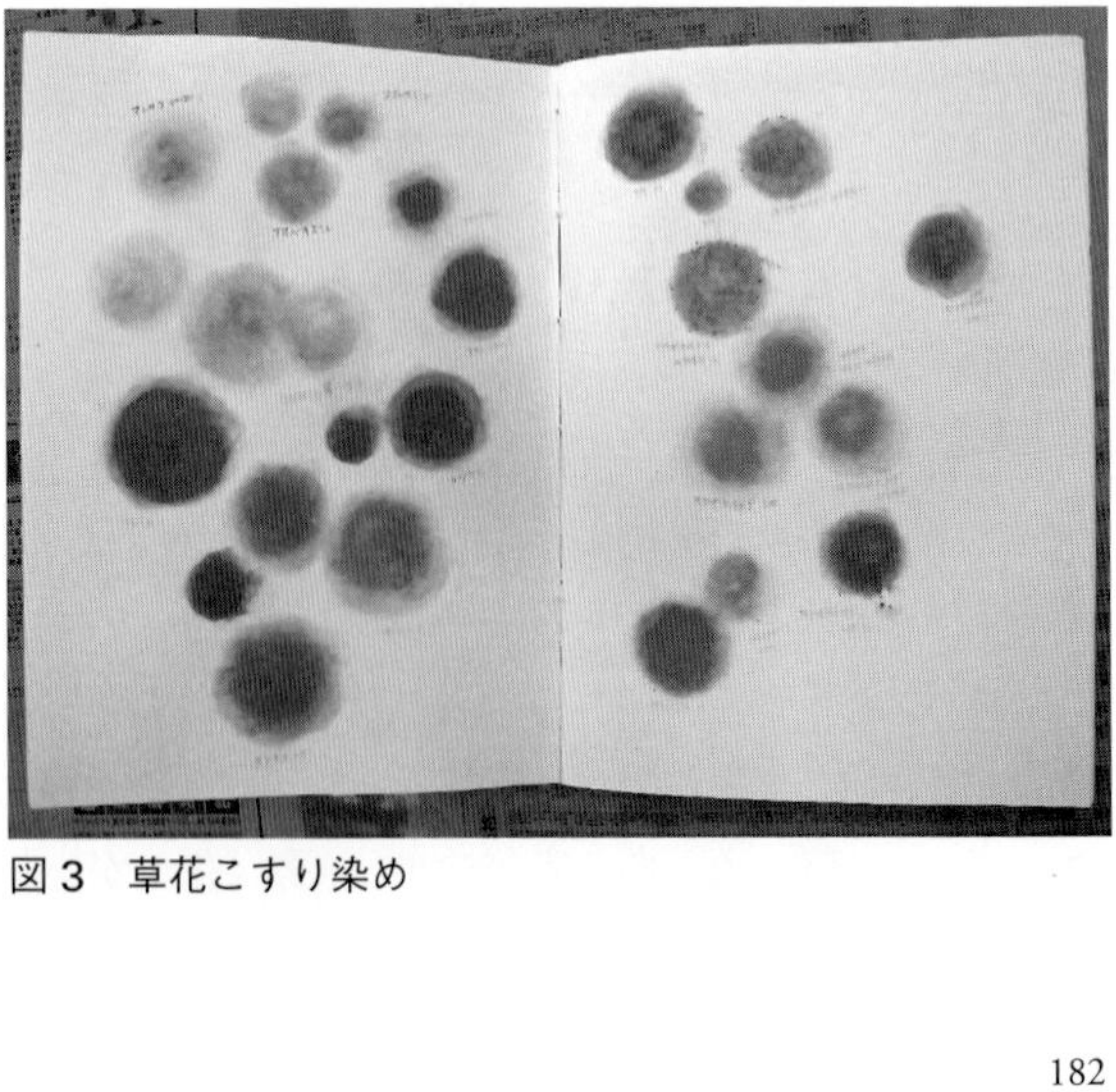

図３　草花こすり染め

第五節　交流の扉をひらくアート

最後に「パクパクさん」「カチカチカスタネット」「ポリぶくろボール」など交流のきっかけを作るアートを紹介

したい。

中・高等学校の総合的な学習（探究）の時間においては、保育や福祉施設での体験学習が組み込まれることが少なくない。児童生徒は、見知らぬ相手を前にすると、交流の手がかりを摑むことができず極端に緊張してしまうことが多い。このような時にも色彩や動きや変化を豊かに内包しているアートは力を発揮する。驚きとともに心と体を動かし交流を妨げている抵抗感を解かし、心の扉をひらいてくれるからである。アートは、材料に働きかけ、材料に新しい意味を与える加工の要素をもっている。一枚の紙があっという間に、口をパクパク開いたり閉じたりするおもちゃに変身したらどうだろうか。それは、たちまちコミュニケーションツールとしての役割を担いうるだろう。

具体的には、細長いケント紙のような硬さの紙を図のように上を少し短く二つ折りにし、さらに縦に二つ折りにして折り目の途中まで切る。そして上の紙を前後にずらすと、パクパク動くおもちゃになる（図4）。間にリボンを挟むと舌のように見え、丸いシールを貼ると目のように見え、瞬く間に変身して動物を連想させる（図5）。このように手を加えることによって新しい存在を生み出すことはホモ・ファーベルとしての人間性を発揮することであり、これを共有することよって、緊張が解けて笑顔で無理なく会話に至ることができる。

また、ペットボトルの蓋を二個と細長く切った二枚の紙を準備し、紙の中央にセロテープで蓋を貼りつけ、それを内側にして紙の両端をホチキスで止めると、「カチカチカスタネット」ができあがる。これをカチカチ打ち合わせながら合唱すると、互いの心と体が響き合って楽しい時間を共有できる（図6）。あるいは、ポリ袋に空気を入れて閉じ、袋の角を折ってセロテープで止め、さらに様々な色のビニールテープを巻きつけると簡単に「ポリぶくろボール」[*4]ができる。これをバレーボールのようにして遊んだり、「はいどうぞ」と手渡して遊ぶことができる（図7）。

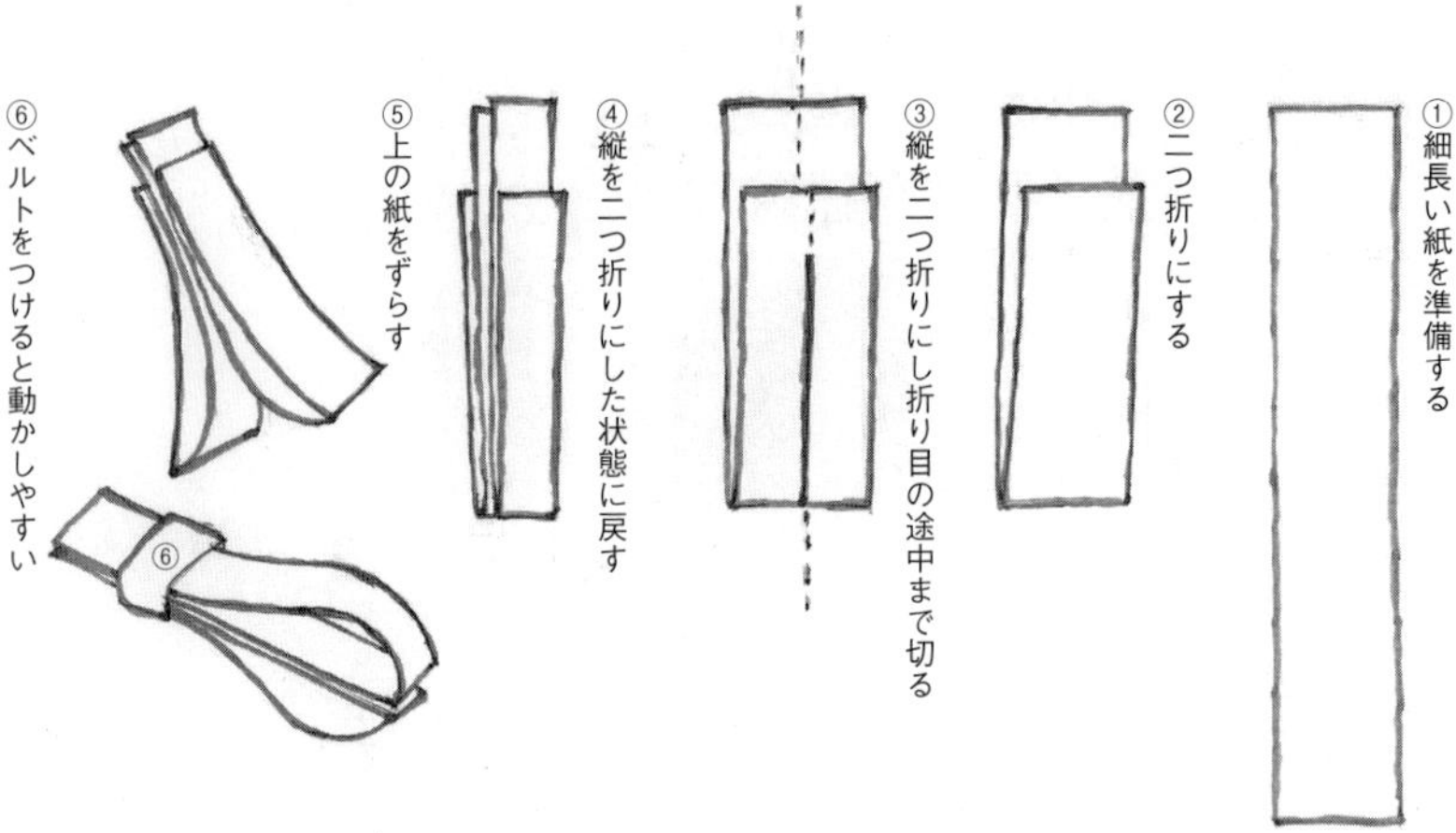
①細長い紙を準備する
②二つ折りにする
③縦を二つ折りにし折り目の途中まで切る
④縦を二つ折りにした状態に戻す
⑤上の紙をずらす
⑥ベルトをつけると動かしやすい
⑥

図４　「パクパクさん」の作り方

図７　「ポリぶくろボール」

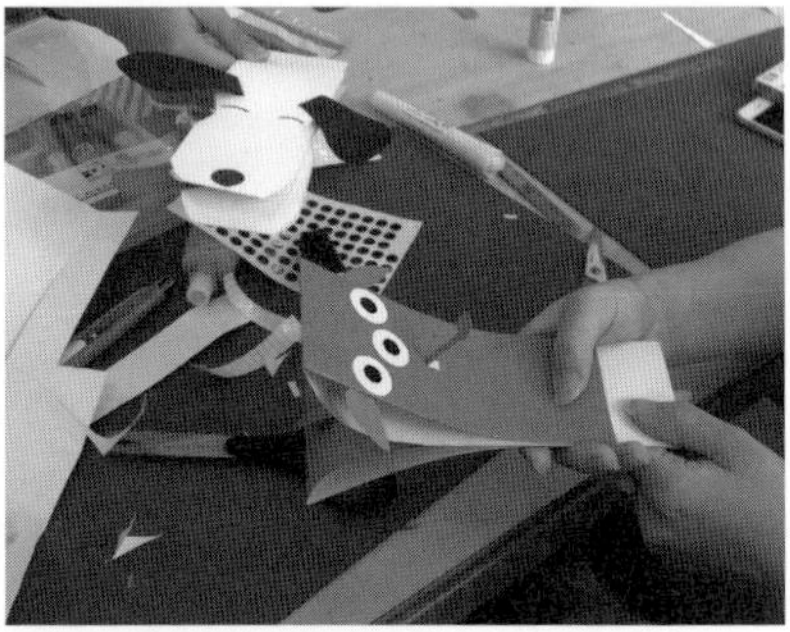

図５　「パクパクさん」

図６　「カチカチカスタネット」

肝心なことは、実際に目の前で作ることである。材料に新しい意味が与えられ新しい存在を生み出すアートの本質を共有することである。これによって人類が長い歴史の中で獲得してきた人間性を確認でき、肯定的な気持ちを携えてコミュニケーションできるからである。私たちの周りには交流の扉をひらく情報がゴロゴロと転がっている。教師がそれに興味関心を向けると、コミュニケーションに不安を抱く児童生徒に打開のきっかけを提供することができ、彼らの折れそうな気持ちを支えることができる。

おわりに

この章では「色彩で交流する」をテーマに協働の態度を培い、総合的な学習の時間の導入として生かすことのできるアートの可能性について述べてきた。これらは、主体的・対話的で深い学びを具体的にイメージさせる事例であると言えるだろう。

まず、色彩の性質に着目し、色彩表現が全身で感じ考える感性的判断を必要とすることを明らかにした。先のわからない時代を生きなければならない児童生徒にとって、感性的判断は必要不可欠である。協働制作は、生きる力の基礎である感性的な判断の経験の場として位置づけられる。また、私たちは、身近な自然に直に触れる機会が少なく、生命や自然の不思議に出会いにくい生活を送っている。言葉で命や自然の大切さを伝えるのではなく、身体的に理解できるように体験を用意する必要がある。さらに、人と直接的に関わる経験が少なく、コミュニケーションに不安を抱く児童生徒に対しては、無理に話そうとさせるのではなく、会話が自ずと生じるようなツールを提供する必要がある。ホモ・ファーベルとしての人間性を発揮することを梃子にしたアートによるコミュニケーションのきっかけが望まれている。

このように感性的な判断と人間性を発揮する経験の場としてのアートは、総合的な学習の時間の学びの強力な支えとなるのである。

註

1 色彩については、ルドルフ・シュタイナー『色彩の本質』（高橋巖訳、イザラ書房、一九八六年）に学ぶところが大きい。

2 文部科学省『中学校学習指導要領（平成二九年告示）解説 総合的な学習の時間』東山書房、二〇一八年、一〇七頁。

3 葉山登『色彩造形教育の実践―自我形成へのアプローチ』はる書房、二〇〇一年。葉山登「豊かな関わりと心を動かす教材研究―特別支援学級の教材研究から総合的な学習の時間指導の視点に立った造形表現へ」（『造形と教育』第一〇号、武蔵野美術大学大学院「教育学研究」ゼミナール報告書、教職課程 高橋陽一研究室発行、二〇一七年）。葉山登「インクルーシブ教育教材としての『草花こすり染め』―それぞれの能力や可能性を最大限に伸ばす包容的な教材開発」（『造形と教育』第一一号、武蔵野美術大学大学院「教育学研究」ゼミナール報告書、教職課程 高橋陽一研究室発行、二〇一八年）。

4 立花愛子・佐々木伸『空気のふしぎあそび』偕成社、二〇一五年、二〇～二一頁。

第12章　子どもたちの高齢者理解を育む造形活動

川本雅子

はじめに

本章では、**総合的な学習の時間**における造形活動を介した高齢者理解の重要性について述べる。**社会福祉**は総合的な学習の時間の重要な探究課題だが、とりわけここでは高齢者と子どもたちとの交流を目的とした造形活動の事例を紹介する。

「**高齢者理解**」というテーマで授業を組み立てる際の重要な点を二つ挙げる。

一つ目は、子どもたちが高齢者を理解するには、言うまでもなく教師自身が高齢者を理解する必要がある。また、なぜ高齢者を理解する必要があるのかといった問いから考えてみる必要もある。この点については、現代における「老い」との向き合い方や課題を取り上げながら、第一節で説明する。

二つ目は、総合的な学習の時間で、高齢者理解だけが目的として達成されればよいわけではないという点である。これが第二節で述べる総合的な学習の時間の特色でもあり、実施における難しい点でもある。総合的な学習の時間は、横断的・総合的な指導を行い、創意工夫を生かした教育活動が求められている。そのため、高齢者理解という一視点からの指導に留まらず、造形活動の手法によるアプローチが総合的な学習の時間の意味づけをより濃くし、横断的かつ総合的な学習に有効となる。

またここで、指導する教師に造形活動における高い専門性が要求される。造形活動を高齢者理解の手法として用いるのみに留まるのか、あるいは社会の中で美術の存在意義を伝えようと試みるのか、同じ造形活動を手法とした教育活動を行ったとしても、その成果は大きく異なる。造形活動を手法のみに留めることなく、社会にどう貢献できるのかを常に探究していくことが大事である。

筆者は、造形活動を行う際に、その対象者に合わせた造形活動を模索していくことが重要であると考えている。子どもであれ、高齢者であれ、障害者であれ、対象者を見つめることで、その人らしい表現に辿り着くことができる。しかし高齢者を対象とした造形活動ならではの選択や対応が生じる場合もある。第三節では、高齢者と子どもとの造形活動の事例を挙げながら、高齢者の造形活動における特徴にも着目したい。

そして単に漠然と「高齢者」として捉えるのではなく、「目の前にいる高齢者」に対して美術を通して何ができるのかを真剣に考え、摸索することが大切なのである。それらの体験は、第三者に語る際に、よりリアルでわかりやすい言葉として伝えることが可能となるだろう。

第一節　なぜ高齢者理解が求められているのか

子どもと高齢者との交流は、さまざまな形で行われている。近い将来、高齢者を支えていかなければならない子どもたちは、高齢者とともに生きていく「生きる力」、もしくは、これからの時代を「生き抜く力」を身につけなければならない。それには、単に世代間交流として高齢者と時間や場を共有し、高齢者に優しく親切にする経験だけでは、未来を生きていく子どもたちの「生きる力」は養えない。

核家族化が進み、子どもたちが高齢者と接する機会が少なくなっている。一方で、二〇二五年、団塊の世代[*1]が七五歳を迎えようとしている。現在、二・四人で一人の高齢者を支える「騎馬戦型」の社会から、二〇五〇年には、一・二人で一人の高齢者を支える「肩車型」の社会となることが想定されている。[*2]

これまでは、老いた父母を息子や娘などの家族が支えてきた。しかし、高齢者の「老後」が長くなっているため、子どもが親の面倒をみることが困難になってきている。厚生労働省が公表している二〇一七（平成二九）年の簡易生命表による平均寿命の年次推移では、男性は、八一・〇九歳、女性は八七・二六歳となっており、男女ともに過去最高年齢を更新している。高度な医療技術の進歩と、生活習慣の見直しなどにより健康に対する意識が高くなっていることが要因と言える。

また、団塊の世代は、貧富の格差の少ない「一億総中流社会[*3]」から「格差社会」への転換を体現する象徴的な存在とも言われている。一般的なその世代の格差の他に、働き盛りの四〇代後半から五〇代前半の最も報われるはずの時期に賃金が横ばいであったという背景がある。彼らは、四〇代前半までにバブル期を経験している。三〇代後半から四〇代の前半において、バブル経済の前にマイホームを購入したのか、後に購入したのかが、まず最初の格差の分岐点を生み出した[*4]。一旦格差が生じると、格差を埋めていくことはなかなか厳しい。子の世代へもその格差が受け継がれてしまうこととなる。このような理由からも、家族のみで「老後」を支えることが難しい場合も少なくない。そのため、家族とは異なる他者の力が必要となってきているのである。高齢者と身近に接することの少なくなっている現代の子どもたちが、このように進んできた時代の流れによって、一人で一人の高齢者を支えていかなければならない未来がすぐそこにやってきている。

では、時代を担っていく子どもたちを育て、子どもたちの教育を任されている私たちは、高齢者を理解できているのであろうか。現代の子どもたちのみならず、核家族の中で育った人の多い私たちの世代もまた、高齢者と接する機会が少ない。祖父母が近所に住んでいる人は、まだ会う機会も多いであろう。しかし、小学校から中学校・高等学校と学年が上がるごとに勉強や部活動などで忙しくなり、祖父母と会う機会もおのずと減っていったに違いない。祖父母の家が遠い場合は、なおさら会う機会は限られる。

高齢者と過ごした経験が少ないということは、同時に、「老い」と身近に触れる機会も少ないと言える。多くの人が、いつか一番近しい存在である祖父母の「死」に直面する。しかし、核家族の多いこの時代の中では、その老いてゆく日々の姿を共有することが難しい。高齢者が一日一日、何を思い、何を感じ、何に生きがいを求め、何に思い悩み生きているのかといったことに、私たちが、日々思いをはせることがあるだろうか。

高齢者と呼ばれるまでには、まだほど遠い私たちにとって、自分自身の問題として「老い」をリアルに感じるには時間があり過ぎる。人が老いていくということは、いったいどういうことなのか。私たちは、「老い」を理解しようとしているのか。私たちの日常は、常にせわしなく、「老い」をリアルに想像する機会に乏しいのが現実である。

高齢者の気持ちになって「老い」をリアルに想像するためには、まずは自分自身の「老い」を想像して欲しい。未来の老いた自分は、どのように過ごしているだろうか。家族と幸せに過ごしているかもしれないし、家族から離れて過ごしているかもしれない。「老い」をどう過ごすのか、どう過ごしたいのかについて考えてみると、現代の高齢者に対して今できること、やるべきことが見えてくる。

高齢者と接する機会の少ない私たちが、より高齢者と接する機会の少ない子どもたちをどのように育てていくべきか。私たちが老いた時に、子どもたちは老いた私たちに寄り添い支えてくれるだろうか。今だからこそ子どもたちと一緒に、「老い」を自分のものとして考えていかなければならない。

第二節　高齢者理解をテーマとした総合的な学習の時間

「みそづくりの活動」と「高齢者との造形活動」を、総合的な学習の時間の具体例として挙げてみよう。

	「みそづくりの活動」	「高齢者との造形活動」
教科	国語・家庭科・理科	図工・道徳・社会科
テーマ	食育	高齢者理解
交流	地域に住む人・保護者	高齢者

「みそづくり」では、子どもたちは家庭科の調理実習を行っているように感じるかもしれない。しかし、これは説明文を学ぶための国語の題材がもととなっている。教科書「すがたをかえる大豆[*5]」に紹介される、大豆の利用法の実践である。帰宅してから植物図鑑を開いたり、「大豆ってこんな形をしているんだね」「大豆にもいろいろな種類があるんだね」「豆腐も納豆も大豆からできているんだよ」などと、「みそづくり」から得た経験が生活の中に生かされてくれれば、それは効果的であったと言えるだろう。

また、総合的な学習の時間では、学校内外の人との交流が盛んに行われるべきである。子どもたちが他者を理解するだけではなく、子どもたちの周囲の大人たちが、改めて子どもたちを理解する機会となるからである。子どもたちだけで行うには少し難しい、大豆を大量に茹でる工程などを地域の人や保護者などに手伝ってもらうこともできる。地域に住む人が近隣の学校に通う子どもたちと直接、触れ合うことで、子どもたちに愛着を持ち、地域で子どもたちを育てていく環境をつくることにも繋がる。近年、さまざまな子どもを巻き込んだ事件が後を絶たない。このような時代だからこそ、親や学校だけでは完備しない子どもたちの見守りは、近隣の多数の目によって補われ、安心して日常を過ごせることに繋がる。地域交流は、このような時間を通して丁寧に育むことが大切である。一方、保護者が参加する場合にも、授業参観や学校公開などとは、また違った影響や効果がある。保護者が授業を参観するだけではなく、子どもたちと一緒に学ぶことで、共通の話題や興味が生まれ、日常生活の中にそれらの学びがより生かされる。そして保護者が、学校の中でのありのままの我が子の存在や課題に気づくきっかけにもなる。「みそづくり」のテーマである食育は、保護者が家庭に持ち帰ってみそづくりを実践することでも、新たな家庭の味として子どもたちの味覚に受け継がれていく。ひと昔前は、自然と受け継がれていったその家ならではの食育があった。しかし現代では、子どもたちだけでなく、同時に保護者が学ぶ機会も必要である。保護者が学んだことは、子どもへと還元されていく。

このように総合的な学習の時間は、単一の教科とは異なり、さまざまな教科を横断的に学ぶことが必要とされている。各教科で学んだことを、実践を通して体験することで、異なる視点から学ぶことが重要となる。二〇〇八（平成二〇）年一月の中央教育審議会の答申に基づいて行われた「（一）改善の基本方針」により、「総合的な学習の時間は、変化の厳しい社会に対応して、自ら課題を見付け、自ら学び、自ら考え、主体的に判断し、よりよく問題を解決する資質や能力を育てることなどをねらいとする」[*6]とされたように、時代に対応し、それらのテーマに対して、子ども自身が主体的に考えていくきっかけを与えることが大切なのである。

では、このような総合的な学習の時間の特色から高齢者理解における造形活動を見てみよう。「高齢者との造形活動」では、どのような授業が想定できるであろうか。図工の授業の延長線上で、高齢者と子どもたちが一緒にものづくりを楽しんでいるだけに見える活動でも問題はない。しかし、そこに、横断的かつ総合的な要素を組み込んでいるかどうかが重要となる。体験を通して、学びの視点が一つではないことを、子どもたちが実感できるように授業を組み立てよう。

例えば、造形活動の中で、相手の気持ちをくみ、思いやりをもって接する機会を設けることで、道徳心を養うきっかけをつくることも可能である。また、第一節で述べたように、まずは子どもたちに高齢者を取り巻く社会的な課題や、「老い」について問いかけ、子どもたちがそれらについて考える機会をつくることで、総合的な学習の時間の目的である探究する心を育てることにも繋がるのである。

総合的な学習の時間の組み立て方は、その目的やねらいによって千差万別である。そこで、子どもたちによる高齢者理解を目的とした造形活動を考える際に必要な要素の発見になるよう、第三節では、高齢者と子どもたちとの造形活動の事例を紹介する。

第三節　高齢者との造形活動

「〇〇さ～ん！」と単に名前だけを呼ぶのではなく、「お寿司の好きな〇〇さ～ん！」と、付加的な要素をつけて呼ぶことで、名前が覚えやすくなる。これは名前を覚える際に、どんな人にとっても効果的な方法である。年をとると短期記憶の機能が低下するため、付加的な要素は思い出すきっかけとなり、より有効的な方法と言える。

例えば造形活動を行う前に、最初にお互いを知るために自己紹介を行うことがある。そのような際に、「〇〇です」ではなく、「ケーキの好きな◯◯です」とほんの少し言葉を足すように配慮するだけで、高齢者にはすっと入っていきやすい。もちろん結果的に、子どもたちにとっても名前が覚えやすくなる。付加的な要素は言葉のみならず、ジェスチャーなどを加えることでも効果的である。ジェスチャーで名前を表現することで、ゲーム的な要素も加わり、自然と楽しみながら名前を覚えることができる。最初は、ジェスチャーで名前を表現することに恥ずかしさを感じるかもしれない。しかし黙々と自己紹介をするよりは、参加者のみんなでそのジェスチャーを真似することによって、少しずつ言葉が発せられるようになる。無理なく体を動かすことで、その場の空気が自然と緩やかに変化する。

自分のことを紹介する自己紹介だけではなく、他人を紹介する他己紹介もまた高齢者にとって効果的である。高齢になるほど、他者と関わることに消極的になる。お互い知らない人同士であっても、第一印象から「優しい人に見える」「おしゃべりが上手な方で」など、その場でわかる範囲の紹介でも構わない。活動を始める際に、相手のことを見て興味を持つ気持ちが大事である。これを高齢者と子どもとが行うことで、高齢者から見る子ども、子どもから見る高齢者の第一印象の視点の違いに面白さを感じることができれば、単なる他己紹介からお互いに得るものがたくさん生まれてくる。

このように、ほんの少し意識し配慮をすることで、高齢者だからといって難しいことは何もなく、高齢者にも無理なく造形活動を進めることができる。そして、よりさまざまな効果を生み出すことが可能となるのである。対象者の実態に合わせ、少し気を配れるかどうかが造形活動を行う上では大切なことと言える。

また高齢者は造形活動において、つくること自体が容易ではない場合が多い。それは、手が動かしづらかったり、目が見えにくかったりと身体的に難しいといった要因もあるし、「下手だからやりたくない」と気持ちの面で、後ろ向きな場合もある。年をとればとるほど頑固になると言われるが、一度本人が思った気持ちを他者が変えることは容易ではない。そのような場合は、無理してものづくりを行ってもらう必要はない。その人の状況に合わせ、できる範囲でその手法を考えれば良い。

「この人の握力を考えると、筆が持てるかな」「持てたとしても、絵の具をつけて紙に描くことはできるかな」「弱い線しか引けないのであれば、筆ではなく、もっと簡単に力の入る画材はないかな」「そうだ！手づくりで描ける素材をつくってみたらどうだろう」などと、描くこと一つをとっても、相手のことをたくさん考え、新しいアイディアを生み出すことができるだろう。漠然と高齢者に何ができるかを考えるよりも、具体的に相手の立場や気持ちになって考えるようにする。それは単に、画材のセレクトに限らず、そこから「老い」を考えることで、自身に置き換えて考えることに繋がっていくのである。

また、身体的にも精神的にも、ものづくりを行うことが難しい場合は、つくっている気持ちになってもらうことも参加する上で重要な役割を担う。二〇一六（平成二八）年に、筆者が実施した曙光園造形ワークショップ[*7]では、施設に「似顔絵描き隊」に扮した子どもたちが現れた。利用者の中でも、「似顔絵描き隊」になりたい人には隊に入ってもらった。施設には、参加せず日常を過ごしている人もたくさんいる。

事前に、子どもたちと参加する利用者は、似顔絵を描く練習をした。おそらく何のとっかかりもなく似顔絵を描くことは難しい。最初の一筆を描くのに抵抗があるのではないかと想定し、有名な作家の作品の特徴を模した「ピカソ風」「ブラック風」の描き方を考えて参加者に提示した。「ピカソ風」は線をくくって面で描き、「ブラック風」は直線のみで描くといった簡単な方法である。本番は、どちらか参加者が描きやすい方で描いた。

当日は、画家になったつもりで、手づくりの帽子や服を着て「似顔絵描き隊」になりきった。事前に行った衣装

①

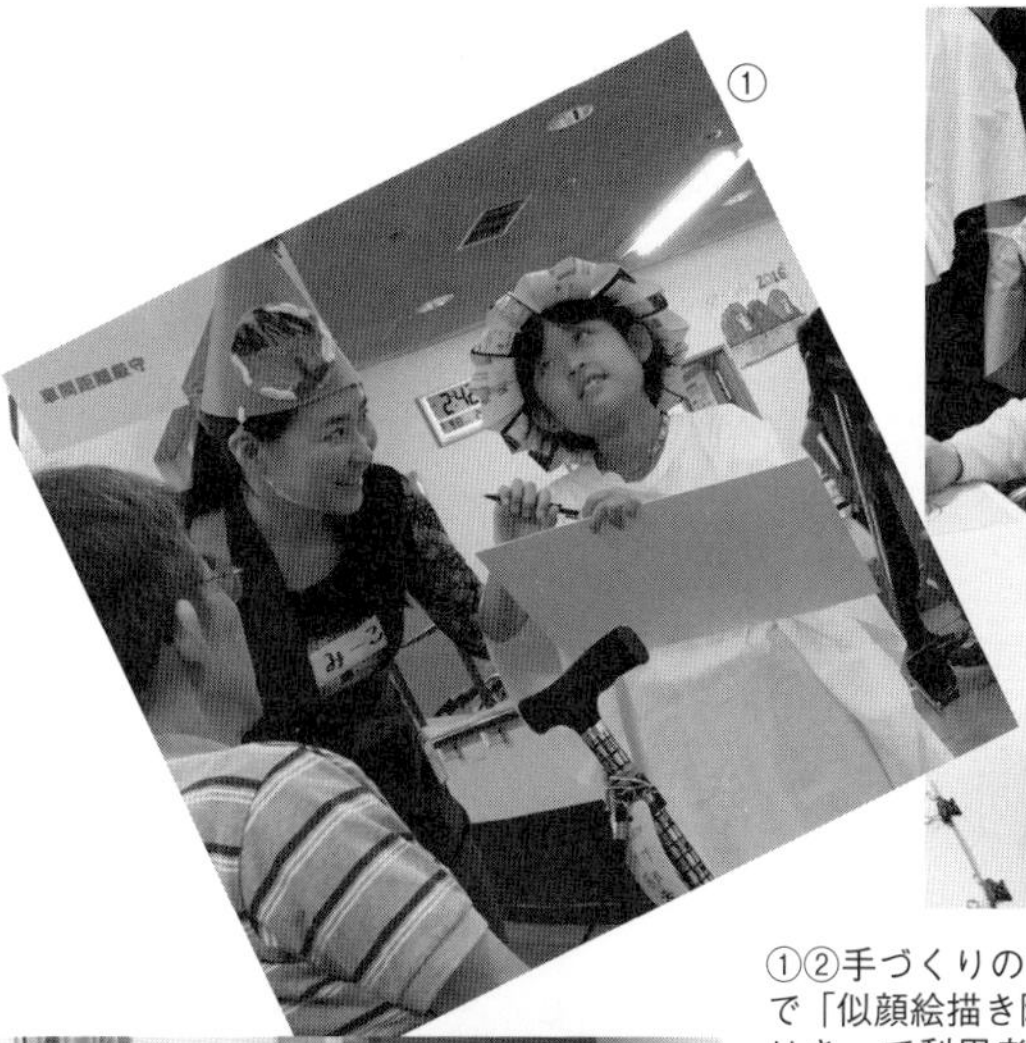

②

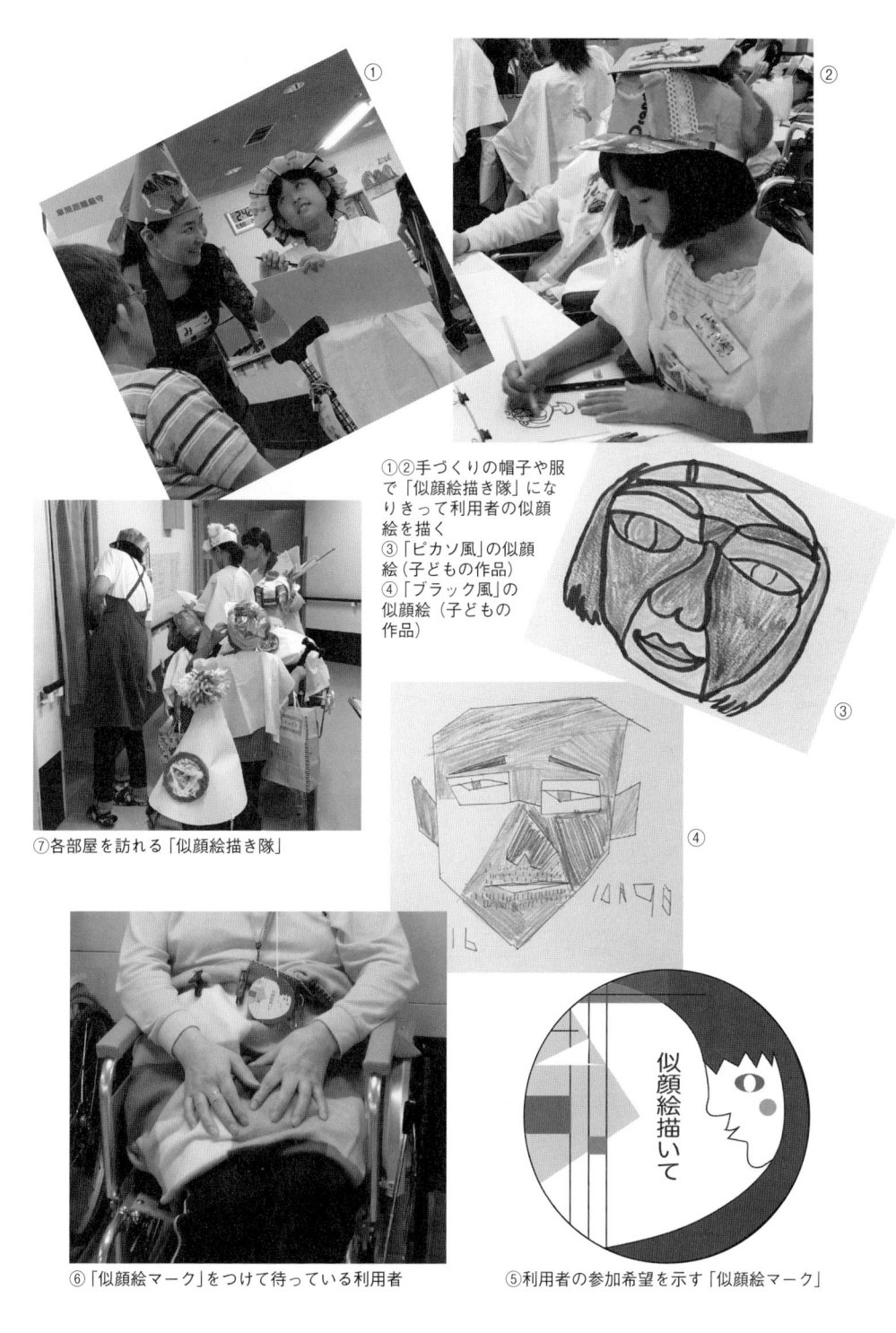

①②手づくりの帽子や服で「似顔絵描き隊」になりきって利用者の似顔絵を描く
③「ピカソ風」の似顔絵（子どもの作品）
④「ブラック風」の似顔絵（子どもの作品）

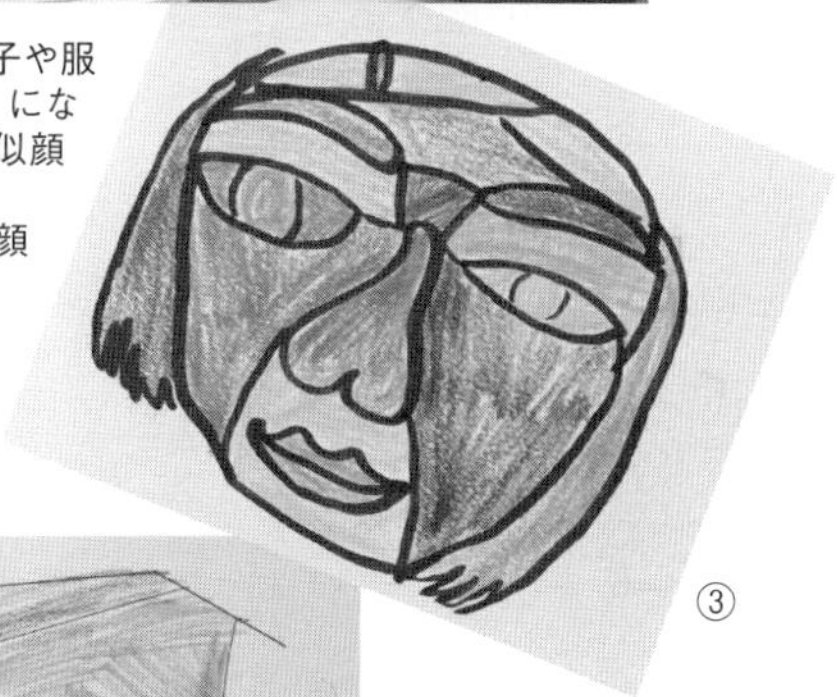

③

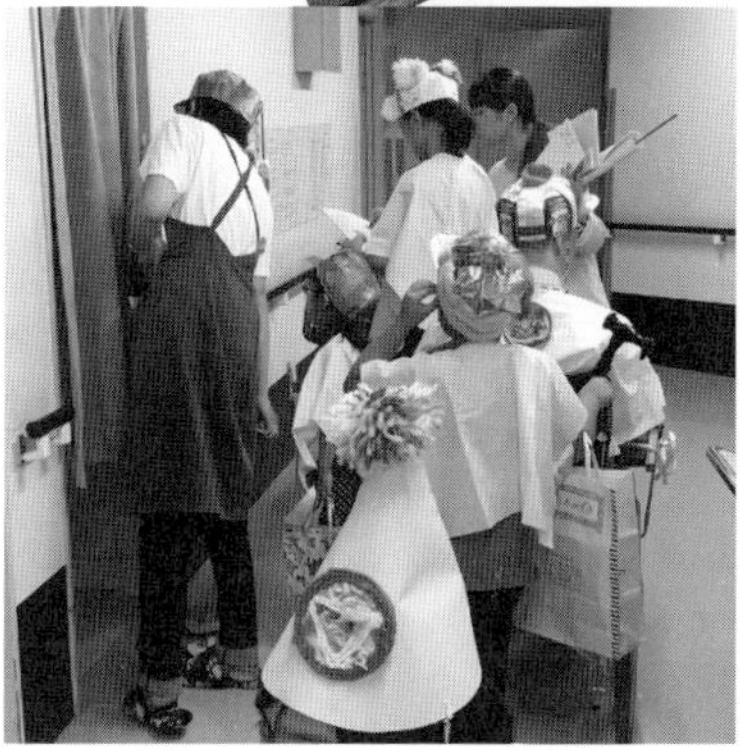

⑦各部屋を訪れる「似顔絵描き隊」

④

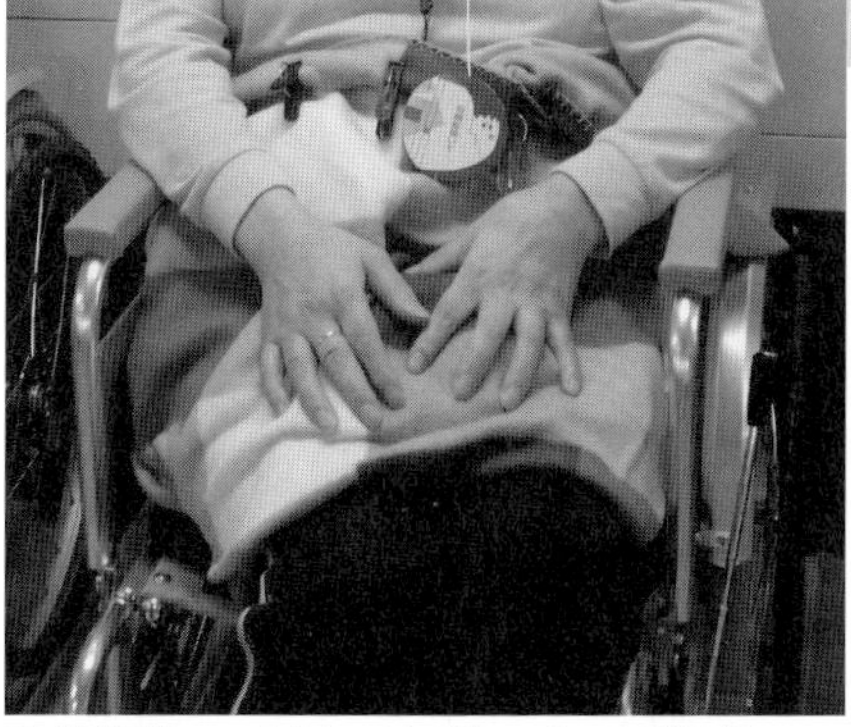

⑥「似顔絵マーク」をつけて待っている利用者

⑤利用者の参加希望を示す「似顔絵マーク」

の制作は、子どもたちと利用者の距離を縮めるのに有効であった。

一方、参加を希望しない利用者にも、アプローチをした。その日の体調などを心配するあまり、参加を希望すること自体をためらう人も少なくない。参加したい気持ちはあるけれど、なかなかその一歩が踏み出せない。そのような人のために、当日、その場の気持ちしだいで参加することが可能なツールを作成した。交流を促すためのツールである「似顔絵マーク」を配布し、「似顔絵マーク」には「似顔絵描いて」と言葉を添え、希望する人は車椅子や体の一部につけておいてもらうように事前にアナウンスをした。あえて活動を個室で行わず、ロビー全体を会場としたことで、普段は参加しない人もいつのまにか活動に参加できる仕組みをつくった。画家となった子どもたちも、自分とは身体の勝手の異なる利用者と接するうちに、相手に対し配慮する気持ちが芽生える。画家に扮して無理なく似顔絵を描き、一枚一枚の絵を相手に喜んでもらうことで、表現する喜びが生まれる。「似顔絵描き隊」が施設を訪れたことで、利用者から自然と笑顔がこぼれた。似顔絵という手法一つで、施設の日常が非日常空間へと変化し、その空間が明るくなるのである。

造形活動は、表現することで、その人を豊かにすることができる。一方で、ものづくりを介して相手のことを丁寧にみていくことで、自分自身に返ってくることも大きい。このような体験を通して、大人のみならず、子どもたちにもものづくりや「老い」に対しての探究心を育むことができる。

おわりに

老人施設のある職員の言葉が印象的で、ずっと記憶に残っている。

「お年寄りの日常は、私たちの生活の流れとは異なり、時間の流れがゆっくりです。だから私たち福祉に携わる者は、お年寄りが見ていない階段などは小走りで移動しますが、お年寄りの前では、ゆっくりとした時間の流れに添って接するように心がけています。」

筆者は、二〇年近く高齢者との造形活動に携わっている。そして、年々、この言葉の意味を深く実感してきているように思う。当初は、「お年寄りにはゆったり接しなければならない」といった心構えくらいにしか捉えていなかったのかもしれない。それでも、目には見えない自分の生活の流れとは異なる時間の流れに合わせるといった考えが、とても新鮮であった。それから月日は流れたが、まだまだ本当の意味で「老い」を実感する年齢には達していない。

しかし、身近な人が老人施設に入る機会も増えた。認知症などの症状が進行するにつれて、どうしても元気な頃と同じようにはいかず、本人のみならず周囲の人ももどかしさを覚えることが多いように感じる。年をとればとるほど、ぼーっとすることも多くなるし、相手の問いかけに対して反応も鈍くなる。元気な頃の面影が薄れるくらい、症状は日増しに進行することも少なくない。しかし身近な存在だからこそ、元気な頃を知っていればなおさら、その頃と同じように接したいという思いが強くなる。それは、自分が社会福祉サービスの受け手として、その立場に立ってやっと感じることなのかもしれない。施設に入る前のその人の人柄や生き方を考えると、いつまでもその人らしく居て欲しいと思う。施設の中では、一利用者ではあるけれども、一人ひとりの多様性や尊厳を大切に接して欲しいと願う。おそらく、先の職員の話は、階段や廊下の歩き方に限ったことではなく、その人の人生を尊重するという意味で、意義深い言葉であったのだと、実感をともなって考えることができるようになってきた。

このように、高齢者や「老い」について考える機会の少ない私たちや次世代を担う子どもたちには、まずは実感をともなう経験が必要である。高齢者のことを愛おしいと思い、何かその人の力になれないかと思う気持ちを育むことが大切である。「高齢者に出会う」といった一過性のものではなく、長いプランで継続して回を重ねることで、「○○さんに出会う」機会を意識してつくっていかなければ、そこに相手を思いやる気持ちは育めないのではないだろうか。

社会福祉に携わる人々は、日々、高齢者と誠実に向き合っていることがわかる。しかし、高齢者を取り巻く現代の課題は、社会福祉の現場だけでは補いきれないほど山積している。今まさに、社会福祉の現場にある人のみに任せるのではなく、教育の現場からも私たちや子どもたちの生活の中に、高齢者や「老い」について考える機会をつくっていくべきである。そして、そのきっかけを生み出すツールとして、美術が社会福祉の現場や高齢者と子どもたちにできることを模索し、いつの間にか有効な関係性を生み出すことのできる造形活動のノウハウをより広め、深めていく必要がある。

註

1 団塊の世代とは、日本の第一次ベビーブームである一九四七〜四九年に生まれた世代。

2 財務省サイト「社会保障の維持・充実」。https://www.mof.go.jp/comprehensive_reform/gaiyou/02.htm（二〇一八年一一月二二日閲覧）。

3 一億総中流社会とは、一九七〇年代の日本人口約一億人の大多数が、自分は中級階級であると考えていた社会。

4　長沼行太郎『嫌老社会　老いを拒絶する時代』ソフトバンク新書、二〇〇六年、一七～二一頁。

5　『国語 三下 あおぞら』光村図書出版、二〇一八年、三〇～三五頁。

6　文部科学省『小学校学習指導要領解説　総合的な学習の時間編』東洋館出版社、二〇〇八年、四頁。

7　社会福祉法人全国スモンの会 障がい者支援施設 曙光園にて、筆者が行っている造形ワークショップ。五〇名の身体障がい者が暮らす施設であるが、高齢者も多い。二〇一六年度 曙光園造形ワークショップ実行委員会（川本雅子・鈴木美恵・中野千春）実施。企画名「似顔絵描き隊×似顔絵えがきタイ！〈第一弾〉似顔絵描き隊になろう・〈第二弾〉曙光園へレッツGO！」。

第13章　環境保全をめぐる総合学習

田中千賀子

はじめに

総合的な学習の時間において環境保全に関わるテーマが扱われることはいまや珍しくなく、学習者として経験した人も多いだろう。環境保全をめぐる教育の世界的な動向としては、環境革命の時代とも呼ばれる一九七〇年代、ベオグラード憲章において「環境とそれに関連する諸問題に気づき、関心をもつとともに、現在の問題解決と新しい問題の未然防止に向けて、個人及び集団で活動するための知識、技能、態度、意欲、実行力を身に付けた人々を世界中で育成すること」という環境教育の目標が掲げられたことが画期的である。その後も二〇〇二年のヨハネスブルグ・サミットにおいて、「持続可能な開発のための教育」と翻訳できる**ESD**（Education for Sustainable Development）という「環境的視点、経済的視点、社会・文化的視点から、より質の高い生活を次世代も含む全ての人々にもたらすことのできる開発や発展を目指した教育」が提唱された。[*1]

日本においては、戦後独自に展開されてきた自然保護教育、公害教育を統合して**環境教育**とする試みが一九八〇年代よりなされ、一九九二（平成四）年の「生活科」、二〇〇〇（平成一二）年の「総合的な学習の時間」がこの環境教育のカリキュラム開発を促進したと指摘されている。[*2] 体験活動を重視しながら教科横断的に課題解決をめざす環境教育の在り方は、総合学習の学習形態とまさに重なるものであり、従来の学校内外における実践者各自の取り組みを学校教育のカリキュラムに位置づけようとする試みが、二〇〇六（平成一八）年の教育基本法全部改正で環境保全の目標が明記されるのに先立って取り組まれてきたのである。教育基本法全部改正では、第二条第四項に「生命を尊び、自然を大切にし、環境の保全に寄与する態度を養うこと。」と記され、学校教育法第二十一条第二項においても「学校内外における自然体験活動を促進し、生命及び自然を尊重する精神並びに環境の保全に寄与する態度を養うこと。」として、ＥＳＤにつながる環境の保全というキーワードが明記された。こうして学校内外を問わない教育活動全体において**環境保全**の観点を考慮することの必要性が示されたのは特筆すべきである。

二〇一八（平成三〇）年告示の小学校学習指導要領に即してみると、総合的な学習の時間の内容として「目標を実現するにふさわしい探究課題については、学校の実態に応じて、例えば、国際理解、情報、環境、福祉・健康などの現代的な諸課題に対応する横断的・総合的な課題、地域の人々の暮らし、伝統と文化など地域や学校の特色に応じた課題、児童の興味・関心に基づく課題などを踏まえて設定すること。」とあるとおり、課題解決のための資質・能力の育成をめざして設定される学習テーマの中に、「環境」が現代的な諸課題の一つとして挙げられている。また配慮事項には方法としての**自然体験**が推奨されている。実際に小中学校の総合的な学習の時間の活動として自然体験をおこなうものが四割近いという調査結果もあるとおり、[*3] 方法としての有効性が認められているのだが、この自然体験の全てが環境保全の態度の養成をめざした実践というわけでもない。先述のとおり、あらゆる教育に通じる理念として環境保全の目標が意識されるべきであることはいうまでもなく、総合的な学習の時間を中核にしながら各教科においてもこれを念頭においた実践を考えていく必要があろう。

本章では、地域とのつながりを重視し、各教科と連携しながら総合的な学習の時間を計画してきた東京都の多摩市立連光寺小学校におけるＥＳＤの実践を紹介する。二〇〇〇年に総合的な学習の時間が始まって以来、一貫して校内研究課題として取り組んできた成果から学ぶことは多く、地域連携のポイントや、学校の教育目標の実現に向けたカリキュラム・マネジメントについて考える手がかりにもなるだろう。

特に連光寺小学校に隣接する多摩森林科学園連光寺実験林では、同機関の森林教育研究者の大石康彦と井上真理子の協働のもとで、第五学年を対象にした森林体験活動が実施されてきた。大石と井上は、国立研究開発法人森林研究・整備機構 森林総合研究所の支所の一つである多摩森林科学園において、「森林と共存した持続可能な社会の実現に貢献する人材育成」をめざす**森林教育**のための学習プログラムの開発を先導してきた。[*4] 森林教育は森林・林業というテーマを軸としていることが特徴で、端緒としては明治期の「林業教育」に始まり、近年では農林水産省林野庁が推進している「森林環境教育」、「木育」などの教育も含むものである。[*5] 日本の国土面積の約六七％を森林が占め、管理を要する森林が増え続けている現状をふまえれば、林業従事者のみならず広く人々が森林・林業について考え、環境保全の目標に関わる喫緊の課題としてうけとめていく必要があろう。筆者自身も二〇一六（平成二八）年から多摩森林科学園の非常勤職員として森林教育に関わる活動に携わっている立場から、教師と研究者のそれぞれの視点からみえる課題やニーズに焦点をあてながら考察をすすめていきたい。

第一節　多摩市立連光寺小学校と多摩森林科学園の連携

連光寺小学校は、二〇〇〇（平成一二）年より「くすのきタイム」という名称で総合的な学習の時間を開始し、現在は「総合」と称して取り組んでいる。学校は多摩川まで片道徒歩三〇分でたどり着く位置にあり、近隣は多摩丘陵の雑木林に囲まれており、様々な運営による自然環境が存在している。予約不要で日常的に利用できる多摩市立大谷戸公園、毎週土曜日に「雑木林ボランティア」のもとで田畑作業に関わることができる都立桜ヶ丘公園の一画にある谷戸田、そして第五学年の「総合」の時間に自然観察や炭焼きなどで用いる多摩森林科学園連光寺実験林である。

連光寺実験林には二〇〇五（平成一七）年まで管理者が常駐しており、利用したいときにその場で許可を得て昆虫観察や、自然観察などが実施できる日常的な学習のフィールドであったが、管理者が不在になった二〇〇六年度からは、多摩森林科学園の大石康彦と井上真理子との協働事業として、年間をとおした学習プログラムが開始された。そして二〇一〇年からは多摩市によるＥＳＤの推進や、多摩市内全ての公立小中学校がユネスコスクールとして登録される動向を背景としながら、同校の総合学習もＥＳＤとして展開されて現在に至っている。

都内でも自然環境に恵まれた小学校であるともいえるが、学校外の協力者との連携には多くの配慮が必要とされる。井上らは、研究者や専門家が小学校で授業をおこなう際の課題として、日程調整の難しさ、学年による学習段階や学習習熟度の把握の難しさなどを挙げている。*6 専門家を招聘して単発的な授業をおこなうことにもちろん意味はあるが、子どもの視点からみてより深い学習を可能にするためには、前後の学習との連続性を考慮した的確な内容が提供されることが大切だ。連光寺小学校と大石、井上らの場合は、計画段階から関わりながら、日程調整や学校の状況の共有が円滑にすすむように努めてきたが、これには双方に対する理解がある多摩市の「教育連携コーディネーター」の羽澄ゆり子によるサポートも大きく関与している。羽澄はもともと近くの保育園に子どもが通っており、一九九九（平成一一）年からの情報教育の授業のサポートを契機に、野生動物保護管理学などの研究に携わった経験や地域住民との人脈を活かし、地域学習を焦点に学校に関わり始めたという。

現在の教育政策において焦点とされている地域連携・協働の実現には、地域に根ざした継続的な取り組みを実現していくための体制づくりが必須だとされている。中でも大きな課題は、異動が多い教師に代わって、その年々で異なる地域の実情に精通しながら、過去の活動の主旨・運営上の課題や成果などを共有し、継続的に活動を担っていくことができるまさに羽澄のようなコーディネーターの確保と育成なのである。連光寺小学校においても、総合学習以外にも多岐にわたる仕事を抱える教師の多忙さを理解し、学校の現状をふまえた教育上のニーズと、地域側の支援をマッチングしてくれる調整役としての羽澄の活動が何よりありがたいという。同校では子どもの学習にとって不可欠な存在として羽澄を理解し、コーディネーターとしての位置づけ以外に理科講師として教育活動に携わるなど、継続的に学校に関われる体制づくりに努めている。

このようにコーディネーターを介すことや、専門家と密接にやりとりすることが難しい場合でも、ただ出張講演や場所の提供を依頼するだけではなく、学校や学級の全体計画と補ってもらいたい部分を明確にするための事前打合せなどが最低限必要であることは留意しておきたい。

第二節　ＥＳＤとしての展開

連光寺小学校では、二〇一〇（平成二二）年よりＥＳＤに基づいた教育実践を展開し、現在も「地球温暖化やエネルギー資源問題、途上国の発展問題、民族間紛争、宗教対立、絶滅危惧種」などをテーマに含んだあらゆる社会的課題を対象に課題解決型学習に取り組んでいる。二〇〇三（平成一五）年より連光寺小学校に勤務し、総合学習に一五年携わってきた教諭松田一枝によれば、ＥＳＤの導入によって、各学年の取り組みを六年間通してつながりをもたせ、各教科としても連携させようと試みる動きがみられるようになったという。従来の地域をテーマとした学習では、主に社会科における第四学年の飲用水としての多摩川の学習、第五学年の日本の森林環境としての雑木林の学習など、体験活動に連動できる教科の範囲が限定的であった。しかし先述のような地球環境問題などの様々な社会的課題を含むＥＳＤの目標をテーマに据え、これに関連する全学年の各教科の内容をピックアップして統合した年間計画「ＥＳＤカレンダー」を作成することによって、教科の内容同士をつなげようとする意識が教師の中に芽生え始めたという。多摩市の小・中学校では、次年度の教育計画を教育委員会に提出するときにＥＳＤカレンダーを作成して添付することになっているのだが、連光寺小学校では校内研究として改良を重ねながら独自の工夫がなされている。

図表1は、「総合」の時間に連光寺実験林などを活用して森林、里山に関する学習を中心におこなう二〇一八（平成三〇）年度の第五学年のカレンダーである。まず各教科の関連性と時間の流れに留意して、各教科を結ぶ線が縦まっすぐになるように内容を配置する配慮がなされている。教科同士の関連性については端的にいえばあらゆることがつながってしまう。以前は離れた時期の内容を斜めの線で結んでいたそうだが、扱う時期が離れてしまえば児童生徒に関連性を実感させることが一層困難になることが懸念された。そこで同時期の関連する内容同士を絞り出し、場合によっては単元の位置を交換することも試みながら、縦線に結べるような工夫をこらしたという。これは児童への配慮であるだけでなく、教師自身が各教科からＥＳＤに関する内容を見つけ出し、関係性を意識しながら授業を展開するような積極的な姿勢を備えるためにも有効な仕組みである。実際に授業内にＥＳＤのために新たな学習内容を追加したり、そのための多くの時間を設けることは難しいものだが、限られた授業時間の中でも、同時期におこなっている関連する内容が他教科でも扱われていることを意識するだけで、その結びつきを示す一言を加えることができる。こうしたわずかな言葉や雑談はむしろ子どもの印象に深く残るものであり、松田もその実感とともに長きにわたって取り組んできた。

【児童に身に付けさせたい力】　※特に繋がりの強いもの ➡

①人・自然・社会に関心をもち、意欲的に関わる力 ②他者と協力し、活動する力 ③課題を見つめ、解決する力 ④自分の想いや考えを発信する力・行動する力

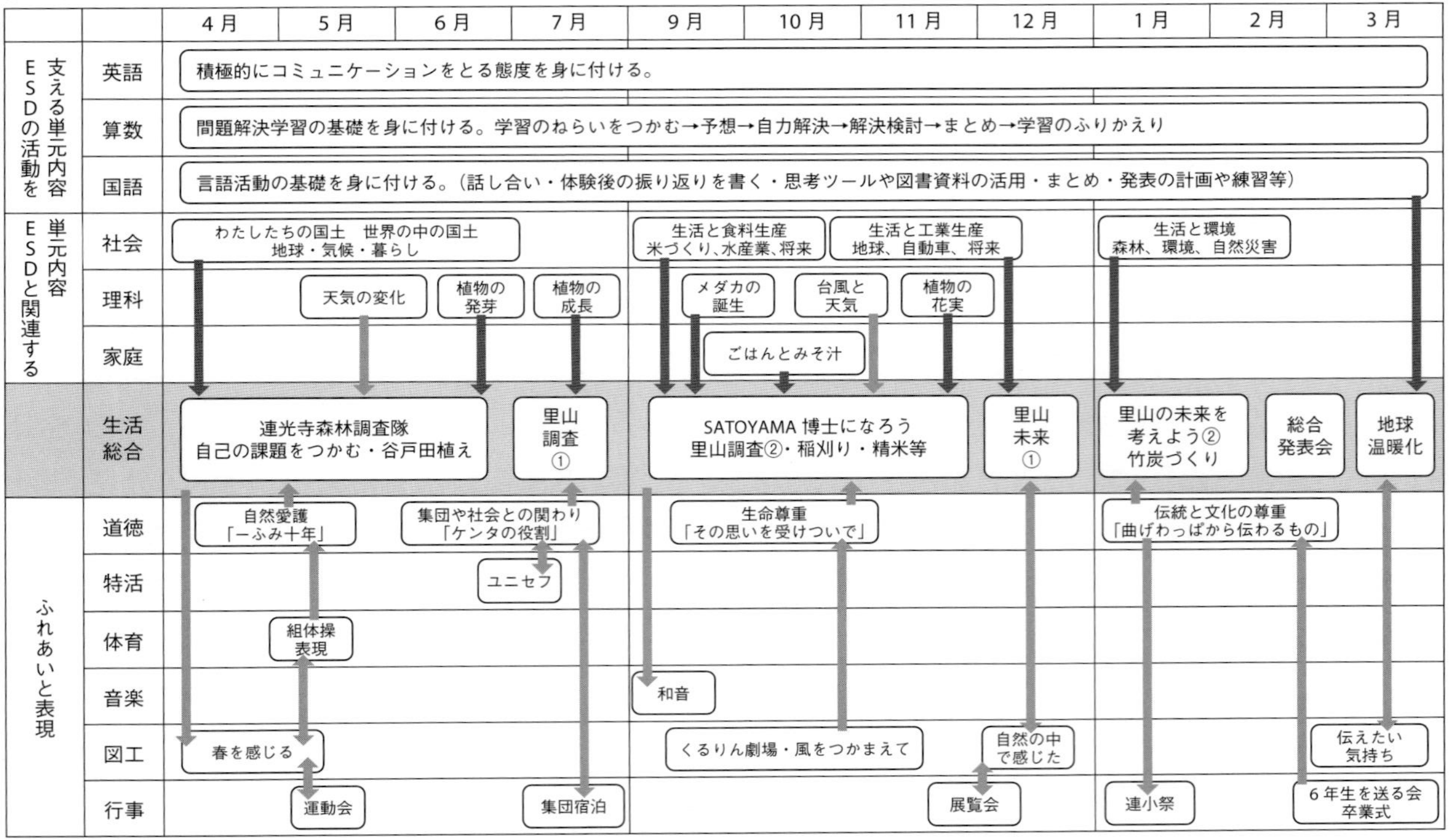

図表 1　多摩市立連光寺小学校 2018（平成 30）年度 第 5 学年 ESD カレンダー

第三節　連光寺実験林における体験活動

連光寺実験林では、第五学年の「連光寺森林調査隊」「里山調査」「SATOYAM 博士になろう」などの単元において自然体験活動が実施される。例年では一学期のうちに先述の多摩森林科学園の大石と井上などの外部の専門家とともに実験林に入り、感覚的に自然を体験し、児童の見たい触りたいといった欲求を優先できる自然体験の時間を三、四回設けているのだが、二〇一八（平成三〇）年度は時間数の削減などもあって計画変更が多少生じた。一学期は桜ヶ丘公園の谷戸田などでの体験活動などを中心にして、二学期に入って初めて実験林での「里山調査」を九月下旬と一〇月中旬の合計二回実施する計画になった。これに先駆けて二クラス合同でテーマごとに三、四名のグループを編成し、調査のテーマを決めておき、一連の探究的な学習の流れが組み立てられている。

体験活動をおこなう直前の九月中旬には、二時限分をつかって、大石や他の専門家が事前の調査計画にアドバイスする時間が設けられた。ホームルームとは別の教室に大石らが待機していて、児童が「森でやりたいこと」「必要なもの」「準備すること」などの項目を記したＡ４用紙の手書きの計画案をもって、順番に相談にいく形式である。各グループにつきおよそ一〇分間かけて、児童の提案をじっくり聞いた上で、質問を加えたやりとりをしながら、必要な視点や改善点などがアドバイスされた。今年度は実際に実験林に行く前に計画を立てたこともあって、調べる対象や調べ方に具体性を欠く面もみられた。例えば大石のもとには「実験林にある樹木の特徴をみつける」といったテーマのグループが相談にきたが、何に関する「特徴」なのかが具体的に示されていない。「特徴」の項目に具体性がない。そこで大石は「特徴」の代表的な項目として、樹木の高さ、葉の形、色、実の有無などを数点挙げたのちに、グループの一人ひとりが分担して観察するポイントを決めて、それぞれが違いを確認するようにアドバイスしていた。

体験活動の利点は、体験を通して喚起される学習者それぞれの興味関心に基づいて、探究の対象を設定できることであるが、一方で子どもの自然に対する関わり方、見方にはまだまだ発達の余地があることも確かである。事前に学習した知識があるからこそ、同じものを見てもより深い観察が可能になる。感覚的な体験活動によって児童自身による課題設定をおこなう時間が確保できない場合、あるいは現地での調査活動の時間が限られるような場合には、事前学習においてより具体的な調査のイメージをもたせることが肝心である。今回のように事前学習にも外部協力者が参加することは、児童の活動の実行性を高める面でも、協力者が同校の直前の学習内容などを共有できる面でも望ましい。難しい場合は、教師もしくはコーディネーターが、学習の進度や学習者の関心などを丁寧に協力者に伝えておくことが重要である。また教師はこうした両者の状況をふまえて、協力者による解説などの時間と、子どもの感情、感性をもって活動できる時間のバランスを考えた計画を立て、タイムキーパーとして活動の進行を見守ることも大切だ。

さらに体験活動で得られた学習の効果を他の教師、保護者、地域住民に発信しながら、周囲の理解を得ていくことも、継続的な活動のために不可欠である。自然の中での体験活動は、天候、季節、時間帯などによってその都度状況が異なるもので、子どもの気づきや発見もまた常に変化するものである。こうして子どもがその活動でしか得られない成果を享受していることにこそ、体験活動の意義がある。教師が体験活動ならではの評価の基準を考えるためには、教師自身が一度既存の学習の目標や内容から離れ、体験そのものから得られる価値を理解する必要があろう。羽澄によれば、「活動中の子どもの管理指導も大切であるが、教師も一緒に子どもとともに体験し、教師自身が気づき、感じること」が最も有効な方法であるという。また松田はこのように教師自身が楽しんで熱心に取り組んでいることは、子どもにも「ワクワク感」を生じさせるもので、活動に躊躇しているような子どもをそこに誘い込むきっかけにもなるため、意識的にその姿を見せてきたという。子どもに新たな興味の対象を発見させるために体験の中でできること、また発見したことを深く考えるために事前事後の学習でできること、それぞれに工夫を加えながら体験学習の成果を引き出していきたい。

第六学年ではそれまでの学習をふまえて、「未来にやさしいエネルギー」など将来の地球環境をイメージしながら学習をすすめられるテーマが設定される。松田は「こうして教育のゴールを子どもの未来の社会に見出すことによって、それぞればらばらにやってきたことがつながるようになった」という。最終学年、そしてその先までも見据えた目標が学校全体で共有されることで、学年ごとの隔たりも緩和されるのだ。教師による各々の実践は、毎月おこなわれる研究授業と直後の協議会によって共有される。ＥＳＤカレンダーを基本としつつも、児童の関心や連携する機関などの都合で毎年微調整や変更が生じる。連光寺小学校は各学年二クラスの編成のため、学年担任がそれぞれの情報共有をおこないやすいという。一年間をとおした変更点は年度末に学年担任がそれぞれまとめて、次年度の担当者に引き継ぎ、場合によっては内容を変更する。過去から引き継がれてきたＥＳＤカレンダーを「基本ライン」として念頭におきつつ、状況に応じて微調整していく柔軟さが大切だということだ。

連光寺小学校では、身近に自然環境があるという理由だけで体験活動に活用しているだけではなく、ＥＳＤの目標を意識しながら、各教科の内容から地域の自然環境まで学習内容を広げ、つなげていくような計画が実現されている。同校のように多様な自然環境を周囲にもたない学校であっても、その地域に即した持続可能な社会のために必要な題材を探りながら、カリキュラムを計画していくことは可能であろう。

第四節　美術教育との関わり

二〇一八（平成三〇）年度のＥＳＤカレンダーでは、体育、音楽、図工といった知識学習に直接結びつきにくい実技教科についても、「ふれあいと表現」という枠を設けながら、教科特有の関わり方が模索されていることが確認できる。同年の図画工作科は、里山での体験学習をふまえて「四季の里山」をテーマに大きな作品の共同制作が実施されたという。二〇一七年度から連光寺小学校に勤務し始めた図画工作科専科の教諭伊藤智恵美は、以前は総合学習と図画工作科を積極的に関与させながら授業を展開したことはなかったというが、学年担任を担った経験などをふまえて、学校全体の取り組みと各教科のつながりを理解して、図画工作科として関わり方を模索し始めたという。二〇一八年度にも計画されている第六学年の「ランプシェード」の作成は、前任者もおこなってきたもので、メッセージが記された透明素材でライトを蔽い、点灯するとそのメッセージが浮かび上がるものである。このメッセージはＥＳＤでの学習によって児童が各々伝えたいと考えた言葉だ。伊藤もこれを引き継ぎつつ、二〇一七年度からはエネルギーに関する学習成果を活かしてＬＥＤライトを使用したり、透明素材を児童に各自探させるような工夫を新たに加えたという。身近な素材を用いること自体は図画工作科において珍しいことではないし、図画工作科の学習指導要領でも、造形遊びの活動の中で「身近な自然物や人工の材料の色や形」を扱うことが求められている。ただしそれは必ずしも環境保全の目標が意識されたものだとはいえない。注目したいのは、本校のＥＳＤのカリキュラムとの関連性を考えて、新たに力を入れたという伊藤自身の意識の変化である。先述のとおり同じ活動でも教師にその意識があるかないかは大きな違いを生む。美術教育とＥＳＤを無理矢理つなげてから始めたい。

授業計画を立てるよりも、すでにある題材の中から教師自身が納得して実践できることを少しずつ探っていくこと

また第六学年の最後の総合的な学習の時間では、六年間の学習をふまえた連光寺小学校をとりまく周辺地域の在り方を考え、多摩市長にメッセージを送る活動がある。このメッセージを作成する前に、グループで模造紙に街の絵地図を描き、人々や建物などを描き込みながら理想の未来像を図示する制作活動を組み込んでいる。松田は「地域から学習したことを地域に返す」ことも大切だと考え、文字情報よりも視覚的に伝わりやすい平面表現を披露することによって、地域住民へのフィードバックを試みているのだという。文章や映像などに代わる記録表現の一つとして平面表現を起用している点に着目したい。美術教育においては、個々の内的な感性や感覚を大切にしながら、それを自由に表現していくことの意義が認められるものだが、この側面を強調するあまりに生まれつき備わっているかのような「センス」の有無に焦点があたったり、表現技法のつたなさが目立ったりして、苦手意識をもち始める学習者も少なくない。連光寺小学校の試みのように、これまでの学習でインプットした内容を、各々で解釈し、話し合い、「伝わりやすさ」を重視してアウトプットしていく活動は、学びの中で得た個々人の関心を尊重しつつも、表現の段階では個々人のセンスや技法の優劣などが問われないものである。話し合いの中で言い争いなども経験しながら、文章を書く者、色を塗る者、切って貼り付ける者などの役割分担が自然に決まっていき、得意な分野を活かしながら協働的な活動が展開されていくという。

先のランプシェードをみても、学習で得られた個々の考えを伝える手段として、図画工作科に関わる活動が関連づけられていた。こうしてＥＳＤという社会全体を見通したカリキュラムの中で図画工作科の活動を位置づけることは、実際の社会における美術教育の多角的な役割や意義を考えていく上でも重要な示唆を与えてくれるのであ

る。教科内の活動のみでは発揮されにくいそれぞれの教科の特徴を、教師や児童生徒がともに発見することのできる機会として、総合的な学習の時間を積極的に活用していく視点を大切にしたい。

註

1 国立教育政策研究所教育課程研究センター『環境教育指導資料 幼稚園・小学校編』東洋館出版社、二〇一四年、三～五頁。
2 御代川貴久夫・関啓子『環境教育を学ぶ人のために』世界思想社、二〇〇九年、一～八頁。
3 市川智史『全国小・中学校環境教育調査報告書（二〇一四年度調査）』滋賀大学環境総合研究センター環境教育研究部門、二〇一五年。
4 森林総合研究所多摩森林科学園『地域の森林を調べてみよう 小学生と取り組む 生き物調査と環境教育』森林総合研究所多摩森林科学園、二〇一一年。
5 大石康彦・井上真理子編著『森林教育』海青社、二〇一五年、二五頁。
6 井上真理子・大石康彦「学校と外部指導者が連携して森林教育を行うための条件と課題―小学五年生「総合的な学習の時間」での実践事例をもとに―」『関東森林研究』第六二巻、二〇一一年。

第14章　竹——自然と伝統文化——

有福一昭

はじめに

造形活動というと、何か具体的なものを作ることが重要であると思われがちであるが、美術作品やある事物を見ること、**鑑賞**することも、制作以上に重要な造形活動の一つである。美術作品や事物などを見て直観的に理解し、その面白さを知り、しっかりと鑑賞することは、その特徴や成り立ち、さらにはその背景を知ることであり、それを作った人の造形思考、制作意図や時代背景などを追体験することでもある。つまり、感性をより豊かに培うためには、鑑賞と制作が一体となった活動が重要となる。こうした動向は、今までの作ることを主体とした美術教育から、鑑賞と制作を一体化させ、さらに鑑賞者自らが作品を解釈していく総合的な造形表現活動へと変化しつつあることで注目されている。

そして、鑑賞の対象となるものは、美術館や博物館に展示されている泰西名画、現代アート、彫刻や工芸作品などのような所謂美術作品ばかりではなく、私たちの身近な事物である生活用具なども対象となる。そうしたものは、主なる素材として第二次世界大戦前は自然素材である紙、木、粘土、竹、植物や金属など、さらに現代ではガラス、プラスチック（合成樹脂）[*1]など様々な素材を用いて作られている。戦前は当たり前のようにあった自然素材で作られた生活用具なども、現在では大量生産されるようになったプラスチック製品にとってかわられるようになり、私たちの生活の中からそうした木や竹などの自然素材で作られた生活用具は姿を消しつつある。それは、一つひとつ手作りの木・竹製品とは異なり、機械で大量生産されたものである。自然素材の持つ特性を生かしたままプラスチック製品に変化しているのではなく、生産コスト、量産性などから形態を模しただけのものとして生産されているものが多くなっていることは言うまでもない。

また、そうした自然素材を採取する場も都市計画などによって開発され、生活環境周辺にその素材を採取できる里山、雑木林や竹林なども少なくなっている。そして、生活経験が乏しく、行動範囲が限られる子どもたちがそうした場所に行くことや、木や竹で作られた生活用具などと出会う機会も非常に稀になってきている。

本稿では、美術作品、工芸品などとしてだけでなく、主に庶民の日々の生活で日常雑器、農耕具、漁猟用具として使われてきた素材「竹」に焦点を当て、竹の素材特性、有効性、美しさ、可能性を総合的、体験的に学べるように企図した事例を紹介しながら、造形活動を通して**自然**を慈しみ、**伝統文化**を大切にする総合学習について考えていきたい。

第一節　素材としての竹の特性とその利用について

竹は気候が温暖で湿潤な地域に生息し、東南アジア、中国南部、アフリカ、そして日本など温帯・熱帯地域に多く自生しており、その種類は世界中で六〇〇種とも一二〇〇種とも言われている。米、麦などと同じイネ科の植物とされているが、毎年開花し結実する一年生の草木と異なり、六〇年に一度とも一二〇年に一度しか開花しないとも言われている。また、竹類は種子で生えるのではなく地下茎で生える。そうした点でもイネ科と異なっており、まだよくわからない部分が多いと言われているが、筍からの成長の仕方の違いや、地下茎の生育形態の違いなどから、竹、笹、バンブーの三つに分類されている。一般のイネ科植物は茎が柔らかいが、竹類は茎（稈（かん）という）が硬く木化（もくか）する。そして、竹の特徴の一つは成長が極めて早いことで、ピーク時には一日に一メートル以上成長する。

日本で多く生息している真竹（まだけ）では一本の竹に六〇～七〇の節があり、それぞれの節が二センチ伸びれば一二〇～一四〇センチ伸びることとなり、二～三カ月で一〇～二〇メートルの生竹（なまだけ）になる。

いずれにしても、竹類は草でもなく木でもない大変不可思議な植物である。武蔵野美術大学「くらしの造形3 たけ」[*2]では、その特徴を以下のように記している。

竹の特性

①毎年、自然に一箇所にまとまって繁殖する。
②真直に、急速に成長する。
③種類により、また、同じ種類でも太さ長さに大小がある。
④中空で硬い。
⑤強靭で弾力性に富んでいる。
⑥縦に割りやすい。
⑦表面の肌が艶やかである。
⑧乾燥による伸縮度が極めて低い。
⑨一年中青々としている。
⑩竿だけでなく枝も葉も皮も利用できる。
⑪筍は食用になる。

こうした竹類の特徴は、竹を丸のまま利用したもの、半分に割ったり剥（へ）いだり（削ったり）、または剥いだ（削いだ）板材や、細く割って作られた竹ひごなどを細工し利用して、民具、玩具、雑具、楽器、工芸品などに姿を変え、私たちの生活に深く根ざした様々な生活用具として使われてきたのである。[*3] また、約三〇〇〇年前の縄文晩期の遺跡から竹でできた漆塗りの籠や櫛が発掘されており、早い時期から日本人の生活の中に存在した素材と言える。[*4] ひとくちに竹と言ってもその活用方法は多岐にわたっており、竹稈（ちくかん）は上記のように様々な日用品、工芸品や建築資材、園芸資材などの材料として文化的活用に利用されている。また、文化的利用ばかりではなく、炭化した竹は通電性が良いことからエジソンが京都の真竹を白熱電球のフィラメントに採用したのはあまりにも有名であるが、葉はお茶や医薬品など、竹皮は包装、飼料、筍は食用などに活用されている。

中国から伝来した漢字は、日本でさらに独自に作られた。わけても竹かんむりの漢字は多い。漢和辞典によれば竹の形を表した象形文字と説かれている。文具や書に関する竹かんむりの漢字には、筆、木簡、便箋、帳簿、書籍、切符、篆刻、回答などがあり、楽器では、管、笙（しょう）、篠笛（しのぶえ）、篳篥（ひちりき）など、また生活用具には、籠（かご）、箱、簾（すだれ）、竿、篩（ふるい）、笊（ざる）、茶筅（ちゃせん）、箒（ほうき）、筏（いかだ）、簪（かんざし）、篊（ひび）、箪笥（たんす）、筐（かたみ）、筒（つつ）、簗（やな）、箕（みの）など他にも多くの竹かんむりを見ることができる。このように漢字を見るだけでも、竹がいかに古くから私たちの生活に密着し根ざしていたかを知ることができる。

第二節　造形素材としての竹の総合学習への活用

この節では、筆者の関わっていた国立総合児童センターこどもの城造形スタジオ[*5]で一九九九（平成一一）年から二〇〇〇（平成一二）年にかけて開催された「素材との出会い展　竹と造形」[*6]での活動を紹介する。この展覧会では、来館する不特定多数の子どもたちに竹の「筒状、割れる、しなる」などの素材特性を生かした「展示（見る）・体験（触れる）・制作（作る）」のワークショップを行った。日本人の生活に深く関わってきた竹の伝統的な役割と大切さを踏まえ、「竹とはなんだろうか」という素朴な視点から捉え直し、馴染みが薄くなってきている現代の子どもに、そして大人にも、竹を知り、感じ、体験し、楽しむことができるように、竹の新たな可能性を発見でき、

図１　「素材と竹の出会い展」オープン展示

図２　大きな漢字による展示キャプション

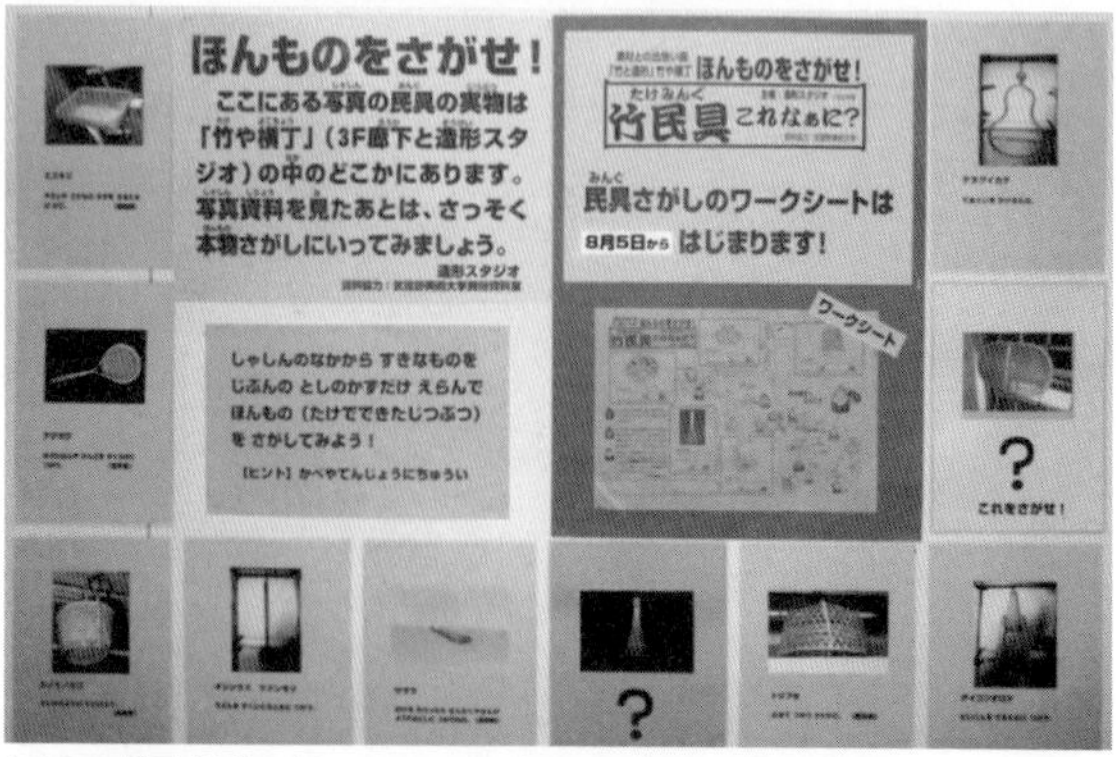

図３　「民具さがしのワークシート」による仕掛け

総合的に竹を捉えられるよう企画した。

「展示（見る）」では、子どもたちが自然に竹に近づけるように「竹で作られた街」というコンセプトで環境設定を考え、その中に武蔵野美術大学 美術館・図書館　民俗資料室から借用した約一〇〇年前に作られ使われていた竹製の民具や玩具などを展示した。展示した竹の民具・玩具は貴重なもので触ることはできないが、ほとんどのものをケースに入れず展示し、新たに購入できたものは触って素材の感触、形、機能などを実感できるようオープン展示した（図1）。民具の名前、使われ方などを記したキャプションでは竹かんむりの漢字を大きくレイアウトし、子どもたちが竹の特性、形、機能などを目で見て、知り、学べ、積極的に関われるよう生きた展示・体験を心がけた（図2）。また「民具さがしのワークシート」を作成し、来館した子どもたちが竹という不可思議な素材・見知らぬものと出会えるように仕掛け、さらに竹の特性を生かした造形プログラムへの参加を促した（図3）。展示物は民具ばかりではなく竹の造形作家松本秋則の竹のサウンドオブジェを配した竹と和紙の環境彫刻も制作・設置した。[*7]この環境彫刻の中で子どもが自らスイッチを入れ、サウンドオブジェの組み合わせを体験できるようにした。このように造形スタジオは作ることのみではなく、その流れは常に能動的なものとなり、制作から始まる子どももいれば、鑑賞・体験から、またはワークシートへの参加から始まる子どもなど様々であった。参加の順位はなく、個々の子どもの感性で始まり創造的で総合的な体験へと帰結する。

「素材との出会い展　竹と造形」終了後に、企画展で開発され実践された造形プログラムを再構成し、保育所、幼稚園、小・中学校、特別支援学校、養護学校、インターナショナルスクールなどのクラス単位の子どもたちを対象とした造形活動「竹体験ワークショップ」（二〇〇〇年から二〇一五年まで、こどもの城造形スタジオで実施された「グループ活動」プログラム）を紹介する。

第三節　「竹体験ワークショップ」

子どもと一緒に、竹とはどんなものなのか、どんな特徴があるのか、何に使われているのかなどという素朴な視点から改めて身の回りにある造形素材としての竹を見直す。竹の特徴である「しなる」「硬い」「筒状」「割れる」「裂ける」などを体験的に学び、竹の特質を生かした造形活動を行い、生活の中にある様々な竹製品、工芸品やアート作品などを鑑賞する。竹の特徴を見て、触ってと五感を通して体験し、造形的視点から素材の特徴を生かした造形活動を行うこととテーマは一つであるが、対象年齢やグループ構成に合わせた学びの深さ、提示内容や進行方法を検討し変化させることで発達段階や理解度に合わせ対応できる活動となる。

◎対象：幼稚園年中以上、小・中学校、特別支援学校、養護学校三〇名まで
◎時間：六〇分～九〇分

①竹はどんなもの？　竹を感じ・知り・楽しむ「竹・感・知・楽」

まずは、子どもに竹についての知っていることを聞く。幼稚園年中から小学校低学年では竹自体どんなものか知らない子どもが多く見うけられる。実際に自生している竹やぶの写真資料（スケール感がわかるように人が写ったものを用意する）などを見せた後に、二～三メートルくらいに切った真竹を見せ、実際の高さや大きさを想像する。

②竹に触ってみよう

直径一〇～一二センチ、長さ二～三メートルくらいに切った真竹を実際に五～六人くらいのグループで見て触り叩いて持ち上げて、感触、匂い、重さ、感じたことなど感想を話し合う。つるつる、すべすべ、冷たい、硬い、重い、空洞（筒状）、緑色（乾燥すると黄色）、切り口がブツブツしている……それぞれに竹の特徴を話し合い、共有する。

そして、竹で作られた様々な竹製品を見てみる。いろいろな形をした竹製品はどのようにして作られたのだろうか。竹製品を見て、触ってその部材をそれぞれに話し合う。竹の輪のままのもの、割って作られたもの、竹の薄い板を編んで作られたもの、竹ひごから作られたものなど多様である。

③竹を切って割って見せる

竹製品の部材を実際に作ってみる。子どもたちが触った竹を指導者が竹用ノコギリで一メートルくらいの長さに切って見せる。竹は中空なので、同じような木を切るより早く切れるが、切る音は木よりも響き大きく聞こえる。次に、鉄の輪の内側に十字の刃が溶接された道具〈四ツ割〉を使って竹を縦に割って見せる。床に立てた竹の小口に〈四ツ割〉の尖った刃の部分を当て、木槌で〈四ツ割〉の頭を叩いて竹に裂け目を入れ、〈四ツ割〉の取っ手を竹ごと持ち上げ床に打ちつけて竹を割る。竹は縦に繊維が走っているので数回打ちつけると、自然に割れ、四本の竹の板になる（〈四ツ割〉がない場合は鉈（なた）を使って二本に割る）。四つに割った後、四分の一の竹をさらに鉈で八分の一に割る。

④竹のしなりを体験する

幅三センチくらいに割って全体を削って整えた竹の板（竹刀の部材と同じ）を使って、竹のしなりを体験する。細い竹ひごをしならせた経験のある子どもも割った太めの竹の板が本当にしなるかどうか不安に思う。二人の指導者がしならせ方の見本を見せる。二人が竹の端と端をしっかり摑み、お互いにゆっくり近づいていくと自然に竹はしなる。子どもも一組ずつ他の子どもとの距離を確保しながらしなりを体験する。子どもたちはそれぞれに竹がしなるときの竹の強さとしなりの感覚を体験する。対象年齢により竹の太さ長さは調整しておくと良い。また、子どもが手を離さないように指導者が常にサポートすることはもちろんであるが、子どもが竹をしっかりとグリップできるように大きさのあった革手袋かゴムつき手袋を用意する。

⑤竹を切って割る体験

直径六センチ、長さ三〇センチくらいの細めの真竹を子どもたち一人ひとりが切り、割る体験をする。万力にしっかりと固定した竹を四センチくらいの長さに竹用ノコギリで切る。ノコギリを使った経験が少ないと思われる幼稚園年中から小学生低学年には、特に指導者がサポートすることが重要である。特に竹の表面は脂分がありツルツルと滑りやすいので、はじめに指導者が手を添えて一緒にノコの道筋をつけると子どもでも切りやすくなる。ある程度切り進めば、竹は中空なので力をかけずとも真っすぐに切ることができる。

切った竹を床に置いた台の上にのせ、指導者が鉈を竹の小口の中央に当てる。子どもと指導者が向き合うような体勢で、指導者が竹の小口に当てた鉈の背の部分を子どもが木槌で叩く。あまり力をかけずとも簡単に竹は半分に割れる。

子どもたちは、指導者が竹を切る、割るといったデモンストレーションを見るだけでなく、自らの手と目と身体で竹の特徴である「しなる」「固い」「筒状」「割れる」「裂ける」を体験するのである。そして、体験後にその特徴を生かした次のような造形プログラムを制作体験する。

第四節 「竹の造形プログラム」

その1「平成とんだりはねたり」

江戸時代の代表的なからくり竹玩具の一つに「とんだりはねたり」がある。江戸期のものは、幅四センチ、長さ六センチくらいの割竹の上を削って台にし、台の胴体中央に木綿糸を何重にもきつく巻いて竹の平ひごを差し込み、半回転させてできるバネの構造を作り、台の上に被り物をした張り子の人形を固定した簡単な玩具である(図4)。カラクリのバネの竹ひごをさらに半回転させ、床に置くとバネの力で台が跳ね上がり、被り物が外れて人形が正体を現すという仕組みになっている。「平成とんだりはねたり」は、四、五歳児でも制作できるように「とんだりはねたり」を現代的にアレンジしたものである(図5)。

①直径四センチくらいの真竹を六センチほどの長さに切り、鉈を使って半分に割る。

②割った竹の小口を紙ヤスリで磨く。さらに竹の両辺の中央部分に輪ゴムがとめられる程度の溝を紙ヤスリで削る。

③削った溝に輪ゴムを二重か四重に巻き五センチ程度の平竹を差し込み、数回ねじってゴムに撚りをつける。

④そのまま台に置くと竹は跳ね上がり回転する。

図4　からくり竹玩具「とんだりはねたり」

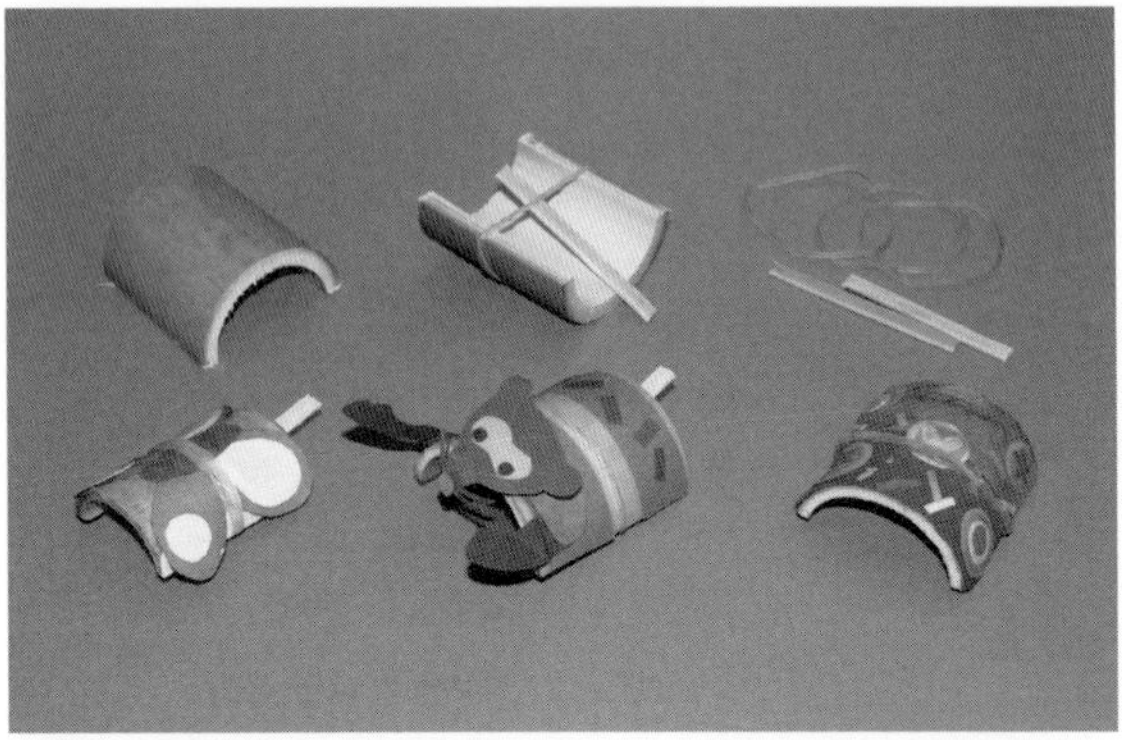

図5　「平成とんだりはねたり」

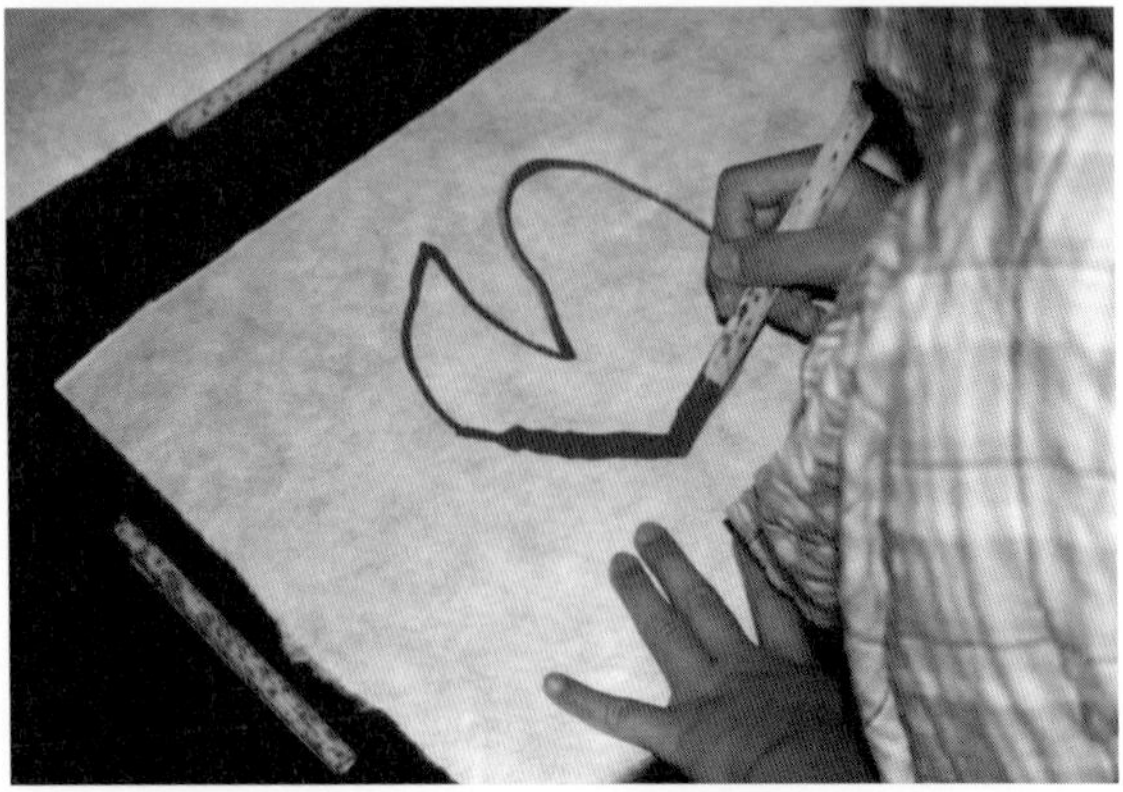

図6　竹皮で作成した「竹ペン」による描画

その2「竹ペン体験」

竹は筍から成竹へと成長するときに竹の皮が剥離する。竹稈だけでなく剥がれた竹皮を使用したものには食材の包装や版画で使われるバレン*8があるが、その竹皮を使って簡単にペンを作ることができる。一般的には矢竹などのような細い竹を節で切断し、先を小刀などで斜めに切って切れ目と穴を開けて竹ペンにするが、竹皮を使うと四、五歳児でも簡単に作れる竹ペンを作ることができる。ここでは、竹皮を用いた竹ペン作りを紹介する。

竹皮は繊維が縦に入っているのでその繊維に直行するように、そしてペンとして持ちやすい一〇センチから一五センチくらいの長さにハサミで切る。バットなどの器にぬるま湯を準備し、その中に切った竹皮を入れしばらくすると竹皮はクルッと丸まる。丸まった竹皮を輪ゴムなどで開かないように固定する。そのままで使っても良いし先をハサミで斜めに切ってペン先のような形に整えて使っても良い。墨汁や絵の具を竹ペンにつけ、紙に描いてみる。ペン先が筆、刷毛や細いペン先のようにもなり、また胴体と一体化しているので簡単にしなり、面白い効果が生まれる（図6）。

その3「竹のぼり」

竹の特性である「筒状」であること、割って細く竹ひごにすると「しなる」という二つの要素を組み合わせて生まれる力を使った「動く」玩具を制作する。

①直径二センチくらいのしの竹を三センチほどの長さに竹用ノコギリで切る。切った竹の小口や表面を紙やすりで磨き、怪我をしないよう滑らかにする。

②二本の細い竹ひご（直径一・八ミリ、長さ四五センチ）の先を揃え、片側のみ和紙で束ねて糊づけし、松葉のような形にする。切ったしの竹に束ねた竹ひごを差し込む。

③束ねた側を上に、束ねていない二つの端を下にして、その間を差したしの竹が上下に動くものになるものをイメージする。ロケットが月に向かう、猿が木に登る、鯉が滝を登っていくなど、動くもののイメージは様々である。

④竹ひごの束ねた部分と束ねていない二つの端に、しの竹の内輪より大きめの紙を貼ってしの竹が抜け落ちないようにする。そして、束ねた上部が到達点になるよう竹ひごの端としの竹を飾りつける。

⑤細い竹ひごの二本の先が持ち手となる。二本の竹ひごの先を両手で持ち、ゆっくりと左右に開くように竹ひごをしならせると、しなった竹ひごの力がしの竹の内輪に伝わり、飾りのついたしの竹がゆっくりと上がっていく。子どもたちは、竹の筒状の形態から、しなり、竹の強さ、動きの面白さを体験する（図7）。

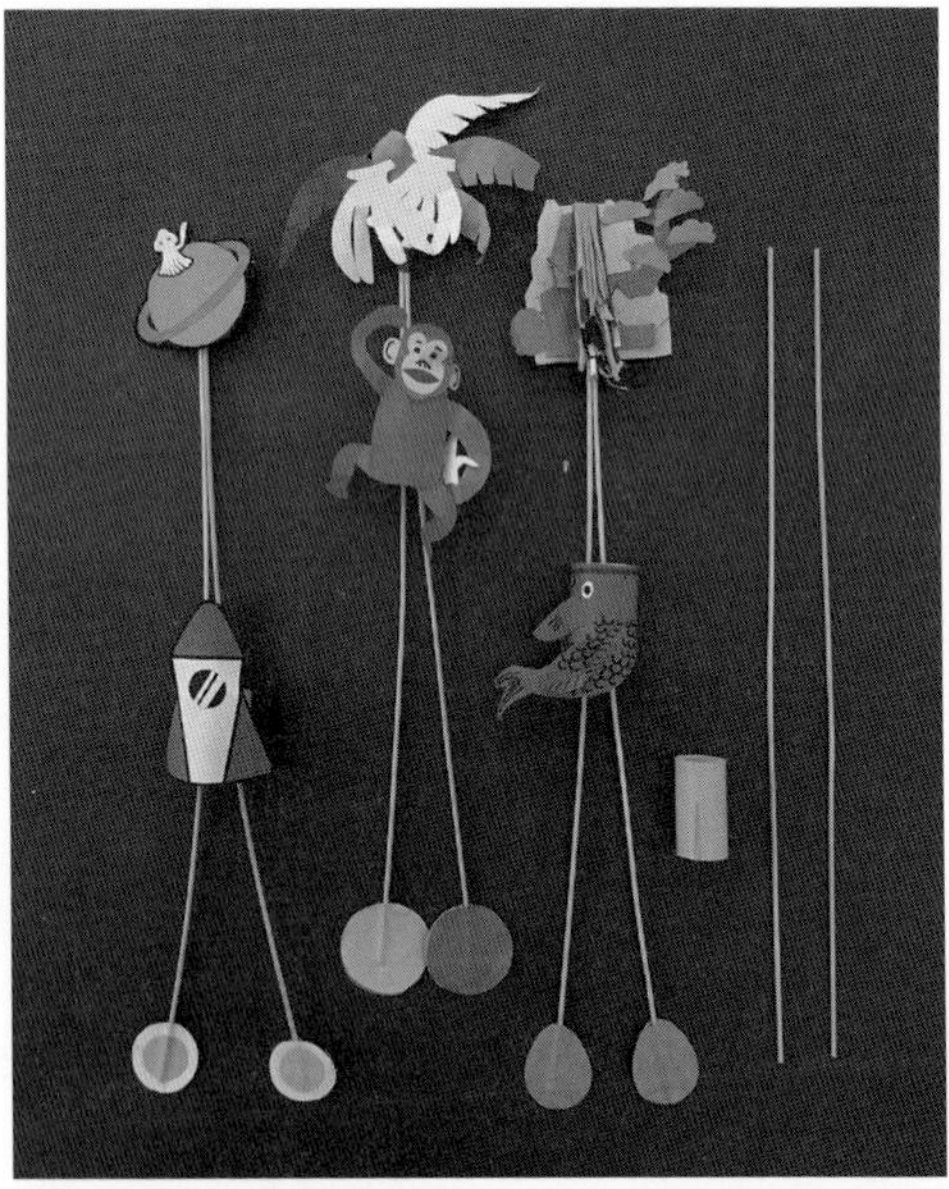

図7　様々な「竹のぼり」

これら三つのプログラム以外にも、竹の特性を生かしたものを組み合わせて体験することで竹の特性を造形活動を通して学ぶことができる。

おわりに

私たちは、書物から多くの知識を得て様々なことを学んできている。一方で、美術・造形に属する形づくられた事物である様々な文化遺産を見ることで、当時の人々の生活や社会状況をさらに深く知り学び理解することができる。書物が本質的な理解を可能にする理性的なものであり、視覚メディアである美術・造形は理性より情緒に訴えかけるものと言われている。そして、現代社会に生きる私たちはしばしば、その情報の多さから知識偏重に陥ったり、視覚的なものを受動的に受け入れたり、どちらかを犠牲にしてしまうことがある。しかし、どちらが欠けても、ものの本質は見えてこない。本来、様々な価値を集め、価値の多様性を学び、新たな価値を創造することができるのが学校という場である。

二〇〇八（平成二〇）年度に告示された学習指導要領では、美術館との関係が「活用する」から「連携する」と改められた。**博物館**は美術館、水族館、動物園などをはじめ大小合わせ全国で五六九〇館ある（二〇一五年一〇月現在文科省）。武蔵野美術大学には、民衆が日々の暮らしの中で生み出し、使い続けてきた暮らしの造形資料約九万点を有した民俗資料室がある。そうした民俗資料の活用だけでなく、美術からの視点を広げていくと様々な事物が対象となっていく。

今回取り上げた「竹」は美術・造形からのアプローチであるが、その内容は社会、民俗、生活、音楽と多岐にわたるものである。植物としての竹を知り、その活用について学び、鑑賞し、その特性を造形体験として学ぶ。つまり、知識、鑑賞、体験といった総合的な学びである。これは、「竹」だけに限ったことではなく紙、木、金属、光、音といった科学的な要素など、そのテーマは無限に存在すると言っても良い。教科を超えて学びの体験を増やしていくことの重要性は、すでに様々な場で言われてきている。博物館、美術館など身近な文化施設との連携は決して敷居の高いものではない。そうした授業をどのように展開していくかは現場の学校や教師にかかっている。

註

1 プラスチックは一九世紀後半に発明され、一九四〇年ごろまでは石炭を主原料とし、一九五八年ごろからは石油を原料とした化学工業が国の政策として後押しされ、本格的に大量生産されるようになった。

2 美術資料図書館分室民俗資料室編「たけ　くらしの造形3」武蔵野美術大学美術資料図書館、一九九二年、五頁。

3 台所・食用具：火吹き竹、杓子差し、箸、椀、匙、巻き簀、箕、笊、弁当箱、串、茶杓・茶筅などの茶道具など。
住・生活用具：傘、団扇、扇子、提灯、花器、箒、熊手、物干し竿、衣紋掛、自在鉤、竹椅子、梯子など。
信仰用具・文具・玩具・楽器：門松、みきの口、文庫、筆、物差し、竹紙、竹とんぼ、竹馬、凧、風車、竹独楽、水鉄砲、機玩具、尺八、笛、笙、簓（ささら）、口琴など。
その他：弓、矢、竹刀、機の筬（おさ）、紙漉きの簾、伸子針（洗い張りの道具）、簗（魚を獲る仕掛け）、魚籠、釣竿、竹垣、竹炭など。

4 沖浦和光『竹の民俗誌』岩波書店、一九九一年、五二～五六頁。

5 「こどもの城」は、一九七九年の国際児童年を記念して、厚生省（現厚生労働省）によって構想・建設された。次代を担う児童を心身ともに健やかに育成し、その資質の向上を図ることを運営の基本に一九八五年一一月に開館し、〇～一八歳を対象に「児童の心身の健全育成」を図る日本初の国立総合児童センター。体育、プレイ、造形、音楽、映像の五つの事業部門からなる「こども活動エリア」に加え、保育、小児保健、研修、劇場、ホテルなどの部門を含んだ総合施設。施設の老朽化、子どもをめぐる社会状況の変化を理由に二〇一五年三月三一日完全閉館。

6 有福一昭「こどもの城『造形スタジオ』のワークショップ」、高橋陽一編『造形ワークショップの広がり』武蔵野美術大学出版局、二〇一一年。

7　松本秋則（一九五一～）埼玉県生まれ、造形作家。一九八二年より音の出る作品（サウンドオブジェ）の制作を始める。一九八八年頃より竹を主な素材としたサウンド・インスタレーションを展開する。
http://www.matsumotoakinori.com/Site/matsumoto_akinori.html

8　「武蔵野美術大学 造形ファイル」 http://zokeifile.musabi.ac.jp/バレン/

参考文献

『日本の郷土玩具』美術出版社、一九六四年
上田弘一郎『竹づくし文化考』京都新聞社、一九八六年
室井綽『竹・笹の話』北隆館、一九六九年
室井綽『竹ものと人間の文化史10』法政大学出版局、一九七三年
「竹と建築」（INAX BOOKLET Vol. 6 No. 4）、INAX 東京ショールーム、一九八六年
室井綽『竹の世界 Part1』地人書館、一九九三年

第15章　地域の歴史と伝統文化

高橋陽一

地域の歴史や伝統文化を子どもたちが調べるにはどうしたらいいだろうか。地域に伝承される伝統工芸や、国や地方自治体から指定されている有形無形の文化財が公立学校の校区内にあることも珍しくない。こうした場合は、美術の授業を社会の授業と連携させて、総合的な学習の時間として計画すると有意義な取り組みとなる。

第一節　伝統文化の課題

伝統文化というキーワードは、教育基本法の二〇〇六（平成一八）年の全部改正（平成十八年十二月二十二日法律第百二十号）にともなって、注目された。一〇年たてば伝統という考えもあるが、通常は世代を越えて系統が伝わること、英語 tradition の語源となるラテン語では、世代を越えて trans 渡す dō ということである。伝統として形成された文化を学ぶ課題は、社会や地理・歴史だけではなく、美術と音楽の教育においても、地域、日本全体、アジアの古来からのアートが教材に多く取り上げられるようになった。美術教育で表現と呼ばれる作品制作にくらべて軽視されがちな、**鑑賞**の授業が重視される契機になった。そして、総合的な学習の時間で地域の歴史と文化を積極的に取り上げる動きを加速したのである。

一九四七（昭和二二）年の教育基本法の旧法の前文で「普遍的にしてしかも個性ゆたかな文化の創造をめざす教育」という箇所が、新法の前文では「伝統を継承し、新しい文化の創造を目指す教育」という言葉に変更されて伝統文化の継承が強調された。さらに新法の第二条（教育の目標）の第五号で、「伝統と文化を尊重し、それらをはぐくんできた我が国と郷土を愛するとともに、他国を尊重し、国際社会の平和と発展に寄与する態度を養うこと。」と記された。この箇所を素直に読むと、「伝統と文化」を尊重すること、そして、「伝統と文化」は「我が国と郷土」が育んだこと、ゆえに、「我が国と郷土を愛する」とつながっていく。

たしかに伝統と文化と我が国と郷土の四つが、このように直列で接続していればよい。しかし新しい文化と古い伝統が対立し、国家と地方の間に対立があるのは、古代から現代まで、ごく普通に見られる現象である。現実に地域の伝統文化を調べていくと、明治維新や産業革命、高度経済成長の激動のなかで廃れていく歴史を見ることになるだろう。さらに、明治政府の政策としての神仏分離や上地（上知、「あげち」または「じょうち」）と呼ばれる神社や土地の取り上げ、明治後期から大正期の神社の統廃合のために、多くの文化財や伝統が政策的に途絶えていくことも見えてくる。

つまり、伝統文化は大切だとか、伝統文化は国や郷土が育んだとか、普遍的な真理のように教え込むのではなく、子どもたちの発達段階に応じて、社会は矛盾に満ちていて、文化は対立のなかで変化していくという事実を踏まえる必要がある。地域オリジナルな伝統行事だと思っていたものに、日本の他の地域と共通性があったり、中国起源やインド起源のものが入っていることは、歴史学や民俗学の文化財調査をすると珍しいことではない。まず教師が客観的な学問を十分に理解して、子どもたちの主体的な学習を進めていくことが、アクティブ・ラーニングでは大切になっていく。根拠のないお国自慢ではなく、地域の歴史や文化の交流を理解してこそ、多様な変化のある世界を生きていく**深い学び**と言えるのだ。

また、伝統文化の取り扱いでは、日本国憲法第二十条に定める人権としての**信教の自由**や国や地方自治体を宗教に関与をさせない**政教分離**は、**人権教育**の観点からも配慮が必要だ。教育基本法第十五条（宗教教育）の第一項に定める「宗教に関する寛容の態度、宗教に関する一般的な教養及び宗教の社会生活における地位は、教育上尊重されなければならない。」という規定を十分に教師が理解して指導にあたる必要がある。地域の伝統文化では神道や仏教にかかわるものが多い。文献や画像記録から知っていく段階から、地域の歴史や文化の学びとして**宗教に関する一般的な教養**を育む必要がある。宗教施設を訪問して調べ学習をする段階では、信仰して大切にしている人たちに敬意を払う**宗教に関する寛容の態度**が必要である。その人たちの活動を妨げないための**宗教の社会生活における地位**の尊重について、子どもたちの発達段階に応じて指導していくことがある。とくに国公立の学校において、宗教に対して敬意を払うことを間違って、子どもに特定の宗教礼拝を実際に強制するトラブルをみることがある。もちろん体験学習として、純然たる宗教儀式である神輿を担ぐ行為を体験学習することがあり得ないわけではないが、仮にこれを強制すると信教の自由や政教分離に違反する。心の問題は、子どもにも保護者にも、それぞれ多様な感受性があるのだ。教師の側が、人権について敏感さを持つ必要がある。

地域の伝統文化という一見議論の余地のない課題にも、こうした多様な注意と配慮が必要なポイントがあることを教師が理解したうえで、子どもたちが自由な学びができる準備を進めていく必要がある。

第二節　地域を調べる

第1章で述べたとおり、**郷土教育**は、大正自由教育の時期に日本各地に広がって一〇〇年ほど経過したので、伝統文化と言ってもよいだろう。この時期から掘り起こされた地域の文化研究や歴史編纂の遺産が今も継承されている。多くの市町村教育委員会が郷土教材として、『〇〇市の歴史』といった**郷土読本**を発行していることも珍しくない。

マニュアル的で申し訳ないが、総合的な学習の時間や、各教科との関係で郷土について学習する場合は、どんな

図表1　参考にできる都道府県と市町村の自治体史例

段階	一般的な例	習志野市の例　＊歴史史料保存機関
都道府県史	都道府県刊行『◯◯県史』 民間刊行物では、平凡社『日本歴史地名体系』全50巻（1979-2005年）と角川書店『角川日本地名大辞典』全49巻（1978-1990年） ＊都道府県立文書館など	『千葉県の歴史』全39巻 1996-2009年 『千葉県史料』全9巻（別冊など32冊）1954-1991年 ＊千葉県文書館がある
郡史等	『◯◯郡誌』など	『千葉県千葉郡誌』1926年
市町村史	『◯◯市史』など （郷土読本）『◯◯市の歴史』など ＊市町村文書館や教育博物館など	『習志野市史』全5巻 1986-2004年 （郷土読本）『新版 習志野—その今と昔』2004年 ＊習志野市教育委員会に資料を保存

教材が使えるかはある程度は見えてくる。**学校図書館**にも、地域の図書館にも、**郷土資料**や郷土誌と呼ばれるコーナーがあることが多い。公立図書館のレファレンス業務では、この分野の質問が随分とある。また、都道府県や市町村が**自治体史**を編纂することが一般的である。図表1のように、こうした郷土資料は、都道府県、市町村と重層的に積み上げられている。現在では区と市を除く、町と村の住所表記に残る郡も、古代からの歴史を持ち、明治期からは郡役所が置かれていたので、この郡の歴史が描かれることもある。現在の東京でも、「多摩」や「三多摩」（西多摩と北多摩と南多摩のこと、東多摩は二三区に含まれる）という呼称が残り、まだ「郡部」という言い方を使うことがある。

図表1では、自治体史の具体例として、私自身が専門委員の一人として教育・文化を担当した習志野市を例に挙げた。多くの自治体では、市町村制度の変更や郷土教育の興隆を契機にして、戦前から市町村史が編纂されることが多い。自治体の役所の特設部門が編纂にあたり、戦後では教育委員会、現在では市町村の設けた財団などが編纂することもある。一般に自治体史は、歴史や経済や文化を時代を追って書いた通史として作られ、戦後の刊行計画では資料編が加えられることが多い。伝統工芸や文化財を調べたいならば、通史編だけではなく、文化財の関係史料を掲載した資料編

も確認する必要がある。

なお、戦後も幾たびかの合併ラッシュの時期があったので、現在の自治体名がそのまま過去の自治体史や郷土資料の地名とは限らない。例えば習志野市ならば、谷津と久々田と鷺沼という江戸時代までの村から一文字ずつもらった津田沼村（藤崎村と大久保村も含む）が、駅名や地名に名をとどめ、明治天皇が命名した「習志野原」を語源とする。実際の習志野原の演習場は現在の習志野市より広大だし、戦後は幕張町が千葉市と習志野市に分裂して境界線も変化している。この『千葉郡幕張町誌』は千葉県の郷土教育のなかで作られたもので（図表2）、現在では伝わっていない青木昆陽のサツマイモ移入の文書が書き写されるなど、貴重な歴史史料となっている。自治体の合併や地名・境界の変更は、どの市町村にもあるもので、平凡社や角川書店が出している都道府県別の地名辞典が歴史地名の経緯を調べるのには便利である。

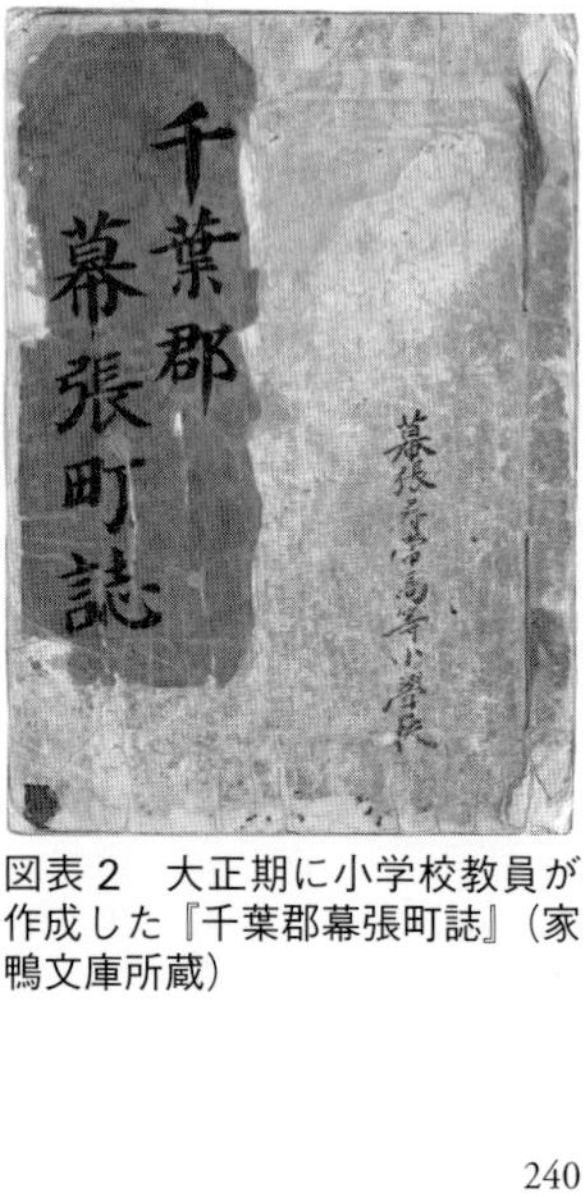

図表2　大正期に小学校教員が作成した『千葉郡幕張町誌』（家鴨文庫所蔵）

さて教師がこうした史料を確認してから、総合的な学習の時間を計画するのだが、子どもたちのツールとしては、小学校や中学校の社会科、高等学校日本史の教科書や副読本の年表類、さらに郷土教育の伝統から市町村で作成されている市民向けや児童・生徒向けの郷土読本を前提にしたい。

具体的な通史や資料集は、子どもがそのまま読み取れるものではないことが多い。地域の伝統工芸や文化財に関する文化庁や自治体による調査資料も公開されていることが多いが、極めて専門的な内容なので、子どもたちの学習の状況に応じて教師が読み取りのためのアドバイスを行うことが大切である。

子どもたちが**調べ学習**のために訪問できる施設としては、郷土資料館や郷土歴史博物館などの**博物館**があるとよい。また、地域の伝統文化として、神社や寺院、伝統芸能を保存する地域住民団体などを訪問することも重要である。第2部の各章で記述した調べ学習などの手法を活用して、大いにアクティブ・ラーニングの課題として伝統文化を活用してほしい。

こうした訪問型の活動をするときは、校長を中心として、教師が地元の団体等に趣旨について丁寧な説明を行い、子どもたちの主体的な学習が促進されるような工夫が必要である。地域住民や宗教団体が子どもたちを歓迎するあまりに、子どもたちに文化の継承を行きすぎた形で行ってしまうトラブルも考えられる。また地元の博物館や図書館などの施設でも、どの時期に、どのような人数で、どのような課題で課外に訪問する可能性があるかをきちんと相談してほしい。とくに公文書館などでは資料保存と専門的な研究が目的となっているので、展示施設が付設されている場合のほかは、敷居が高い。高等学校の総合的な探究の時間などで通常公開されていない歴史史料を生徒が見たいという場合は、教師が事前に生徒への指導と公文書館との調整を行う必要がある。

灯台もと暗しで忘れやすいのだが、地方自治体の観光課や地元商工団体による地域の観光マップや案内板の設置活動は、生きた地域文化の教材となる。東京の二三区内で定着している旧町名の案内板なども町を歩きながら歴史を知ることができる。

第三節　学校を調べる

郷土の歴史や文化を調べるとわかるが、明治以降の近代文化は学校から地域に広がっていくので、学校の歴史つ

図表３　学校の歴史照合表

現在の学校種別	旧制の法令と学校種別
大学	帝国大学令の帝国大学、大学令の大学と大学予科、専門学校令の大学名称専門学校と専門学校、高等学校令の高等学校、師範学校令の師範学校 ◯明治期からあるが、前身校は「大学」でないことが多い
高等学校	中学校令の中学校、高等女学校令の高等女学校、実業学校令の実業学校 ◯旧制「高等学校」は戦後に大学へ移行
中学校	戦後起源（青年学校令の青年学校、小学校令の高等小学校が基盤となることも多い） ◯旧制「中学校」と混同しないよう注意
小学校	学制、教育令、小学校令の小学校 ◯明治期から現在まで約２万校だが、分校・統廃合に注意
幼稚園	幼稚園令の幼稚園 ◯明治期からあるが、戦後起源が多い

まり**学校史**が地域の歴史にもなっていく。大正期の郷土教育も、戦後の自治体史編纂も、地域の教師たちが活躍するのが普通である。私立学校では、独自の建学の精神を伝えるという使命から、**自校史教育**と呼ばれる活動が盛んであるが、公立学校でも式典のたびに校長の式辞では学校の歴史が語られることが多い。

学校の歴史は『新しい教育通義』で詳しく記したが、教師が学校の歴史を調べるときに便利な照合表を図表３に記した。ある学校の、以前の制度や名称の学校を「前身校」という。

学校の情報公開のために学校ウェブページで沿革を公開することが多くて参照に便利であるが、依拠する法令を明確にしないために位置づけを誤ったり、それが原因で名称まで間違うケースが随分とあって要注意である。法令の沿革は、海後宗臣監修の『日本近代教育史事典』（平凡社、一九七一年）や米田俊彦の『近代日本教育関係法令体系』（港の人、二〇〇九年）を見てほしい。

一般的に言えば、小学校は、一八七二（明治五）年の学制が出されて数年に設立されたので、自治体内に一つは、古い一五〇年近い歴史を持つ学校があるはずである。まれに、明治維新前後の郷学校を起源とする場合があって、これより古い歴史を誇る場合もある。一方で中学校は、戦後の新

図表４　参考にできる教育史と学校史の例

段階	一般的な例	習志野の刊行物と＊歴史史料保存機関
日本史	国立教育研究所『日本近代教育百年史』全 10 巻 1973-1974 年 文部省『学制百年史』1972 年 ＊国立公文書館など	
都道府県史	都道府県刊行『◯◯県教育史』 ＊都道府県公文書館	『千葉県教育百年史』全 5 巻 1971-1975 年 ＊千葉県文書館
市町村史	市町村刊行『◯◯市教育史』 ＊市町村公文書館など	『習志野市教育百年誌』1976 年 ＊習志野市教育委員会
学校史	刊行物『◯◯学校◯年史』と書き継ぎ記録『沿革誌』 ＊各学校など	習志野市立津田沼小学校『あゆみ　創立百周年を記念して』1975 年 ＊各学校の学校文書、書き継ぎの学校沿革

制度であるから、歴史は浅い。詳しく調べると高等小学校や青年学校とのつながりも見えるはずである。高等学校は、男子の中学校と、女子の高等女学校と、職業人養成の実業学校や実科女学校が前身校であるケースも多い。大学は、国内七校の帝国大学、官公私立の専門学校（大学令で大学になったものと専門学校のままのもの）、国立大学教育学部になった師範学校、大学の教養学部などになった旧制高等学校と大学予科などである。

大学や師範学校は附属する学校を持つことが多いので、国立や私立の学校では、系列校ぐるみで調べないと学校史にならないことが多い。また、こうした制度以外に各種学校がある。武蔵野美術大学は各種学校である帝国美術学校が前身校である。

国公私立を問わず、周年事業と呼ばれる記念行事を契機に学校史が編纂される。こうした資料のもとになるのは、学校に保存された学校文書である。戦前の小学校には、法令で必須とされた**学校沿革**（冊子名は学校沿革誌、学校沿革史）という手書きで書き継ぐ資料が永久保存されていることが多い。こうした文化財が存在することで、何年何月に何があったかがわかるのである。

図表４に習志野市の具体例を含めて、国や自治体の教育史、学校史の例を示した。一八七二（明治五）年から一〇〇年を経過した、学制百年の記

念事業で地方教育史編纂ブームが起きていたので、この遺産を現在も活用することができる。こうした地方教育史も、図書館では郷土資料のコーナーに並んでいることが多い。

近年の新設校で学校の伝統文化を調べるという課題が設定しにくい場合も、地域の教育の歩みなどを考えることができるだろう。戦後の中学校でもこうした視点で考えることが可能である。

また、戦後の中学校や高等学校でも、卒業アルバムや卒業記念文集が作られることが多い。これは法令で義務づけられたものではないが、リアルな学校の歴史史料である。こうしたアルバムは早い学校では明治期から作られている。また新校舎や、天皇の「御真影」や教育勅語謄本の保管施設である「奉安殿」の落成などで、記念写真の絵はがきが作られるケースも多い。「昔の学校の校舎」や「昔の子どもたちの服装」というテーマで調査してみると、図像資料ならではの学習活動ができる。

現在は、学校の歴史史料保存のためのアーカイブズづくりを教育委員会や学校が取り組むケースも増えている。学校が廃校になっている場合も、跡地記念碑、教育委員会の説明板設置など、文化活動も進んでいる。

なお学校の歴史史料には現在も卒業者として活躍している人々の個人情報が含まれ、また明治期のものでも地域では家族関係が明確な場合もある。学校の保存資料のうち、学籍簿（現在の指導要録）などには疾病や事件事故などのプライバシーが含まれているので、校長または教育委員会のもとで適正に管理する必要がある。

ここまで、初歩的な歴史史料へのアクセスという観点から、伝統文化の課題に学校が取り組む方法を考えてきた。歴史を尋ねることで、矛盾や葛藤を抱えながら格闘した地域の先人の実像に迫り、さらにそれを伝承したり研究したりする地域の人々の活動を実感できるだろう。教科書で学ぶ歴史やアートだけではなく、この地域で見たり体験できる文化財や伝承に近づくことで、地域に生きる力を育む課題に取り組みたい。

あとがき

総合的な学習の時間は、いつ投げ出されるかわからない。大正自由教育の合科学習も国民学校に取り込まれたと思ったら、戦争が始まるとそれどころではなかった。戦後教育改革であれほど盛り上がったコア・カリキュラム運動は、学力低下論から数年で断念された。生きる力とゆとりの象徴として登場した総合的な学習の時間も、またもや学力低下論で数年で廃止されるという見込みが有力だった。

それでも、総合的な学習の時間は生き残った。その背景には、学力低下論ではなく、学力向上論がある。予測不可能な二一世紀に必要とされる思考力・判断力・表現力等を培うには、各教科で学んだことを活用して探究する総合的な学習の時間が不可欠だという認識が広がっている。横断的で総合的な学びでは、表現を眼目とする美術の教員が担うべき領域が広がっている。

本書が成立する契機は、一九九八（平成一〇）年の学習指導要領で登場した総合的な学習の時間について、ようやく大学の教員養成課程でその指導法が必修の授業科目として二〇一九（平成三一）年度から位置づけられたことである。武蔵野美術大学では、「美術と福祉プログラム」を改革して、「総合的な学習の時間の指導法」と「特別支援教育」のそれぞれの教育内容を明確にするために、二〇一六（平成二八）年度と二〇一七（平成二九）年度の二度にわたって学内の教育改革プロジェクトが取り組まれた。こうして葉山登講師、杉山貴洋講師、川本雅子講師、田中千賀子講師、有福一昭講師と私の六人で、通学課程と通信教育課程の共通のテキストとして本書をつくることができた。この経緯からも、本書は昨年刊行の『特別支援教育とアート』の姉妹編と言える。

本書の作成のためには、武蔵野美術大学出版局の木村公子編集長が編集にあたった。美術と福祉プログラムを支えた教職資料閲覧室の﨑野治子氏と石川彩香氏、教務チームの教職担当各位も尽力した。そして、この二〇年を超えた「美術と福祉プログラム」や様々な授業で展開した総合的な学習の時間の指導計画づくりや実態調査のために努力した多くの受講学生の営みも本章の基盤となっている。

総合的な学習の時間をすべての子どもたちにアートとともに生きる力を育む可能性をもたらす機会とするために、美術教員が他の教員と手を携えて支えていくことを念願して本書の結びとする。

二〇一九年二月一日

高橋　陽一

索引

本文に太字で示した重要語句のページ数を記した

著者紹介

高橋陽一（たかはし・よういち）
一九六三年生まれ。東京大学大学院教育学研究科博士課程満期退学。武蔵野美術大学造形学部教授。日本教育史（国学・宗教教育）を専攻。著書に『新しい教育通義』、『ファシリテーションの技法――アクティブ・ラーニング時代の造形ワークショップ』、『美術と福祉とワークショップ』（いずれも武蔵野美術大学出版局）、『くわしすぎる教育勅語』（太郎次郎社エディタス、二〇一九年）、『共通教化と教育勅語』（東京大学出版会、二〇一九年）。監修に『ワークショップ実践研究』、共編著に『特別支援教育とアート』、『道徳科教育講義』、『新しい教育相談論』、『造形ワークショップ入門』、『新しい教師論』、『新しい生活指導と進路指導』、『造形ワークショップの広がり』（いずれも武蔵野美術大学出版局）、共著に岩波書店編集部編『教育勅語と日本社会』（岩波書店、二〇一七年）、教育史学会編『教育勅語の何が問題か』（同、二〇一七年）、駒込武／奈須恵子／川村肇編『戦時下学問の統制と動員 日本諸学振興委員会の研究』（東京大学出版会、二〇一一年）、東京大学史史料室編『東京大学の学徒動員・学徒出陣』（同、一九九八年）、寺﨑昌男／編集委員会編『近代日本における知の配分と国民統合』（第一法規出版、一九九三年）ほか。

杉山貴洋（すぎやま・たかひろ）
一九六九年生まれ。武蔵野美術大学造形学部視覚伝達デザイン学科卒業。白梅学園大学子ども学部発達臨床学科教授。武蔵野美術大学非常勤講師（教職課程）。船堀中央保育園、白河かもめ保育園、南砂さくら保育園、たいとうこども園、大和東保育園、亀戸こころ保育園、神田淡路町保育園大きなおうち、造形ワークショップ講師。二〇〇八年、一〇年、一一年、一三年にキッズデザイン賞を受賞。第四九回冨田博之記念賞、第七回こども環境学会活動賞受賞。共著に『ワークショップ実践研究』『造形ワークショップの広がり』『造形ワークショップ入門』『特別支援教育とアート』（武蔵野美術大学出版局）ほか。

葉山 登（はやま・のぼる）

一九四九年生まれ。東京学芸大学修士課程修了。横浜創英大学教授、武蔵野美術大学非常勤講師。色彩造形研究所所長、彫刻家。武蔵野美術大学卒業後、パリ国立美術学校客員教員を経て小学校・中学校・高校・大学の図画工作・美術教師となり、幼児から高齢者に至るまでの美術教育に携わっている。著書『色彩造形教育の実践―自我形成へのアプローチ』（はる書房、二〇〇一年）、『生きる力を強めるために―心障学級での色彩造形教育』（同、一九九二年）。共著『障がい児保育』（光生館、二〇一二年）、『特別支援教育とアート』（武蔵野美術大学出版局、二〇一八年）、『造形ワークショップの広がり』（同、二〇一一年）、『ワークショップ実践研究』（同、二〇〇二年）。論文「動的な世界とのかかわりに着目した色彩造形教育」（白梅学園大学子ども学研究所「子ども学」編集委員会編『子ども学』第三号、萌文書林、二〇一五年）。

川本雅子（かわもと・まさこ）

一九七七年生まれ。武蔵野美術大学造形学部油絵学科卒業。東京学芸大学大学院美術教育専攻美術科教育コース修了。高齢期を見据えた美術教育の在り方、障害者や高齢者の特性を考慮した表現や造形活動について研究。武蔵野美術大学非常勤講師として教職課程、通信教育課程で教鞭をとる一方、障害者支援施設や自閉症等の子どもを対象とした造形教室などでワークショップ活動を実施。共著に『造形ワークショップの広がり』『造形ワークショップ入門』『特別支援教育とアート』（武蔵野美術大学出版局）。

田中千賀子（たなか・ちかこ）

一九八三年生まれ。武蔵野美術大学大学院造形研究科博士後期課程修了。博士（造形）。武蔵野美術大学非常勤講師、森林総合研究所多摩森林科学園非常勤研究員など。日本教育史、美術教育を専攻。著書『近代日本における学校園の成立と展開』（風間書房、二〇一五年）、共著『特別支援教育とアート』（武蔵野美術大学出版局、二〇一八年）、『造形ワークショップ入門』（同、二〇一五年）。論文に「学校園概念の成立―一九〇五年学校園施設通牒をめぐって―」『日本の教育史学』第五二集、「東京市の公立小学校における学校園の展開」『日本の教育史学』第五五集、「明治後期の教育課程論における学校園の美的観念と道徳教育―東京高等師範学校附属小学校を中心に―」『成城大学共通教育論集』第四号、「奈良女子高等師範学校附属小学校の学習園」『日本教育史学会紀要』第八巻ほか。

有福一昭（ありふく・かずあき）

一九五八年生まれ。有明教育芸術短期大学教授。多摩美術大学大学院美術研究科油画専攻修了後、材料学研究室研究員を経て、一九八五〜二〇一五年「こどもの城」で幼児から大人までの様々なワークショップ、造形教育に携わる。共著に『ペーパーパラダイス』（こどもの城、二〇〇〇年）、『ブルーノ・ムナーリのアートとあそぼう』（日本ブルーノ・ムナーリ協会、二〇〇六年）、『造形ワークショップの広がり』（武蔵野美術大学出版局、二〇一一年）、『特別支援教育とアート』（同、二〇一八年）、『ニューカラーパラダイス二〇一四』（リンテック株式会社、二〇一四年）ほか。

総合学習とアート

二〇一九年四月一日　初版第一刷発行

編者　高橋陽一
著者　高橋陽一　杉山貴洋　葉山登　川本雅子
　　　田中千賀子　有福一昭

発行者　天坊昭彦
発行所　株式会社武蔵野美術大学出版局
〒一八〇―八五六六
東京都武蔵野市吉祥寺東町三―三―七
電話　〇四二二―二三―〇八一〇（営業）
　　　〇四二二―二二―八五八〇（編集）

印刷・製本　株式会社精興社

ISBN978-4-86463-098-6　C3037　Printed in Japan

ワークショップ実践研究

高橋陽一 監修　杉山貴洋 編集　◉石川瞭子 岩崎清 小串里子 齋正弘 齋藤啓子 白石美雪
杉山貴洋 高橋陽一 竹内敏晴 葉山登 前田ちま子

A5判　200頁
定価：本体 1,967 円＋税
978-4-901631-22-8 C3037［2002年4月刊行］

ワークショップとは？　アートを媒介としたコミュニケーションの手段ととらえ、美術館、地域社会、学校、病院、さまざまな場所での実践記録をおさめる。誰のために、なぜ必要なのかを解明し、「共同作業としての表現活動」がはらむ可能性を探る。

みんなのアートワークショップ

小串里子 著

子どもの造形からアートへ

A4判　4色＋1色刷　144頁
定価：本体 3,200 円＋税
978-4-86463-000-9 C3037［2011年10月刊行］

3歳から6歳までの園児を対象とした造形教室の制作指導の記録。企画・指導の勘所と「枠のない表現教育」「万人のためのアート」「生きるためのアート」を提唱する著者による理念と方法論を具体的な実技実例とともに紹介。園児の生命力に溢れた作品にはアートの始源から響く笑い声が詰まっている。

ファシリテーションの技法

高橋陽一 著

アクティブ・ラーニング時代の造形ワークショップ

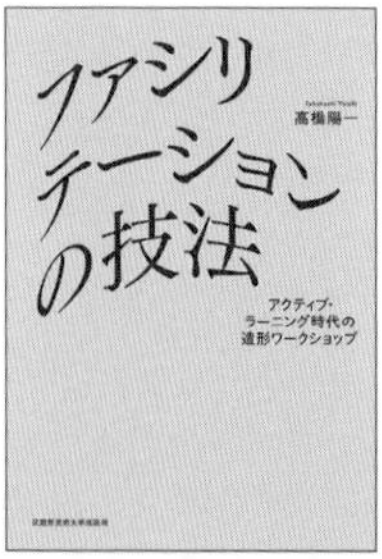

A5判　240頁
定価：本体 2,200 円＋税
978-4-86463-099-3 C3037［2019年4月刊行］

本来のワークショップの意味、歴史を踏まえ、学校教育における「手法としてのワークショップ」を明確にし、ファシリテータに必要な企画力、組織力、記録力を具体的に提示。生涯学習とアクティブ・ラーニングへの言及、学生から寄せられた質問など、それぞれの現場ですぐに活用できる技法書。

新しい教育通義

高橋陽一 著

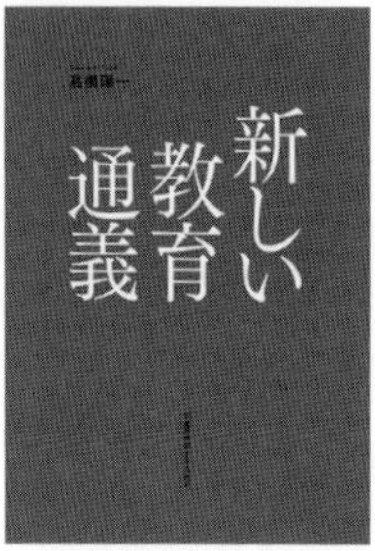

A5判　680頁
定価：本体 3,600 円＋税
978-4-86463-071-9 C3037［2018年3月刊行］

「チーム学校と地域との連携」「学校安全への対応」といった新しい学習指導要領に対応した「教育原理」の教科書。アクティブ・ラーニングを推進する教師に必須の教育思想と歴史の深い知識、法律と学校運営を基本から説く。

道徳科教育講義

高橋陽一＋伊東毅 著

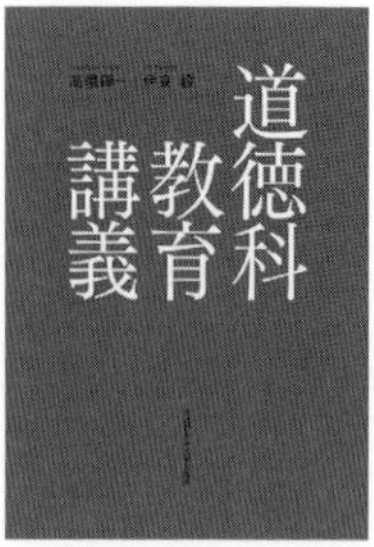

A5判　312頁
定価：本体 1,900 円＋税
978-4-86463-059-7 C3037［2017年 4 月刊行］

新しい道徳科、特別の教科である道徳が、2018 年から小学校で、19 年から中学校で始まる。従来の「道徳の時間」の弊害を乗り越え、チーム学校によるアクティブ・ラーニングとして道徳科の教育を実践するには？　道徳の理論や歴史から授業のプランまで、教師に必要なノウハウと教養を伝授。

特別支援教育とアート

高橋陽一 編　　◉高橋陽一 葉山登 田中千賀子 有福一昭 杉山貴洋 川本雅子

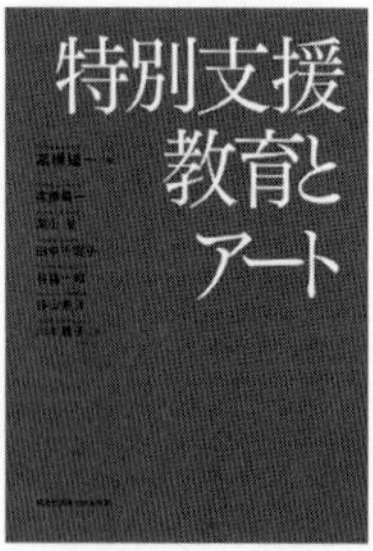

A5判　272頁
定価：本体 2,000 円＋税
978-4-86463-072-6 C3037［2018年3月刊行］

専門家の領域であった障害児教育は、今やすべての教師がかかわる特別支援教育へと変化をみせている。障害についての最低限の知識のみならず、造形ワークショップによる交流、他者理解を伝授する。子どもたちを中心に、チーム学校として一緒に悩み、取り組むことで、障害のある人もない人も平等に参加する共生社会に近づいてゆく。